KREUZVILLE

ℵ ALEPH

LA COLLANA ALLE FONTI
DEL CONTEMPORANEO

La KREUZVILLE ALEPH (*sorella maggiore* della KREUZVILLE, la collana di letteratura francese e tedesca del XXI secolo) raccoglie opere e autori cruciali della cultura moderna per ricostruire il paesaggio vivace, luminosissimo, a tratti segretamente insidioso, del nostro passato. Per Borges l'Aleph era «il luogo dove si trovano, senza confondersi, tutti i luoghi della terra, vi
da tutti gli angoli
questi testi conte
in nuce tradizioni,
gioni e furori alle fo
ti del contemporaneo. Kreuzberg a Berlino, Belleville a Parigi, due quartieri simbolo della stratificazione umana e del fermento culturale della nostra epoca, fusi in un unico nome per libri che danno voce all'immaginario della nuova Europa.

KATHARINA
VON ARX

LA VIAGGIATRICE LEGGERA

Questa sono io, così come sto appesa
in camera di mia madre, a Zurigo

Titolo originale: *Nehmt mich bitte mit*

L'orma editore srl
via Annia 58 – 00184 Roma
tel. 06 87777326
info@lormaeditore.it
www.lormaeditore.it

Traduzione dal tedesco e postfazione: Sara Mamprin
Progetto grafico e copertina: Antonio Almeida

La traduzione di quest'opera è stata realizzata con il contributo di
fondazione svizzera per la cultura
prohelvetia

ISBN 978-88-99793-77-7

Katharina von Arx

La viaggiatrice leggera

Traduzione di Sara Mamprin

con 79 disegni dell'autrice

L'ORMA EDITORE

Primo capitolo

Questa sono io, così come sto appesa in camera di mia madre, a Zurigo.

Ora però sono a Vienna. Me ne sto sdraiata su una grande stufa di ceramica, e penso a prima. Un paio d'anni fa me ne stavo qui distesa allo stesso modo, solo che sulla stufa non ero altrettanto contenta. Non so se dipendesse dalla stufa stessa, che in effetti non era quasi mai calda, nemmeno d'estate. Forse la casa sopra di me si era fatta troppo pesante (vivo praticamente in cantina), o magari mi ha preso qualcosa, come a volte succede: un malanimo a restare qui, un mal di lontano o un qualsiasi altro mal… forse semplicemente una malinconia? Può darsi siano stati assieme il mal di lontano e la malinconia a intrecciarsi e a produrre una malinconia di lontano, o più semplicemente un mallontano.

Così un giorno mi misi alla macchina da scrivere e mi rivolsi a chiunque avesse qualcosa a che fare con i viaggi e i posti lontani. Non senza imbarazzo, inviai quaranta lettere per vedere se sarei riuscita a trovare un posto gratis su una nave; voglio dire un posto gratis qualunque su una qualsiasi nave in cui fosse rimasto uno spazietto libero da qualche parte, fosse anche davanti alla porta delle cucine… Arrivarono quaranta risposte cordiali, nelle quali lessi perlopiù solamente i «no». Ma quando una cosa mi entra in testa difficilmente se ne va via da sola, e finché non mi ferma nessuno, non c'è niente che mi possa fermare.

Ci riprovai. Questa volta non scrissi, ma feci visita a quaranta persone. Nel vedermi, alcuni sorrisero compassionevoli, spiacenti di non potermi aiutare. Uno di loro però non sorrise, era del Lloyd Triestino.

Mi chiese: «E che farà, quando si ritroverà a sbarcare in un porto straniero così, senza niente?».

«Quello che faccio qui. Anche qua devo guadagnarmi il tetto che ho sulla testa. Sa, so fare molte cose, nessuna proprio bene a dire il vero, ma di tutto un po'. So un po' parlare e un po' scrivere. Un po' di musica la so suonare e anche badare ai bambini; e poi so dipingere.» Tra l'altro per questa cosa della pittura frequento l'Accademia a Vienna, almeno quando non ci sono le vacanze o non c'è altro da fare in giro.

Dopo la nostra conversazione, l'uomo del Lloyd se ne andò a Trieste. Al suo ritorno, si presentò con il biglietto di una nave. Sopra c'era scritto:

«Biglietto speciale GENOVA – BOMBAY

M/S ASIA, classe turistica, cabina 196.»

Qualcosina dovetti pagarla, ma praticamente nulla. Presi dal mio guardaroba una giacca, due vestiti – uno per la sera e uno per il giorno – e un paio di pantaloni neri lunghi per il resto del tempo. Infilai tutto in una sacca da portare sottobraccio.

Un amico organizzò una cena di saluto. Al tavolo sedeva anche un indiano scuro e bassetto – Mr Raj si chiamava – che mi disse: «Forse potrei esserle utile, quando sarà in India. È un posto che le piacerà tantissimo».

Infine scrissi una lettera a mia mamma a Zurigo:

«...sai, stavolta faccio il giro largo e prendo la via orientale per venire da Vienna a Zurigo... così, tanto per cambiare.»

Tutto questo accadeva prima del principio.

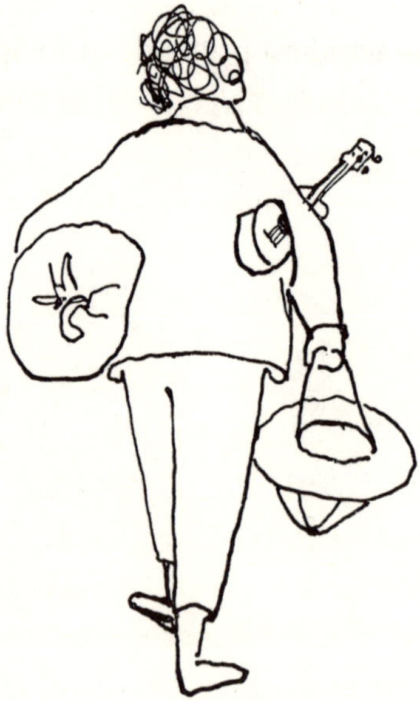

Secondo capitolo

In principio fu il tram. Salii e dissi «Arrivederci» al ragazzo che mi aveva portato la sacca. Continuammo a guardarci per un po', ci voltammo in contemporanea dall'altra parte per poi girarci di nuovo a controllare se anche l'altro si fosse rimesso a guardare, quindi il tram svoltò dietro l'angolo.

Il controllore mi chiese: «N'dov'è che ti vuoi andare con quell'elmetto tropicale?». «Un pochetto dopo il capolinea.» «Ah, però, però... quanto mi piacerebbe venire con te.» Nessun altro viaggiava fino al capolinea in un normale martedì mattina di giugno.

A un distributore di benzina aspettai per un po' di tempo che qualcuno mi desse un passaggio. Per quel breve tratto mi vennero diversi pensieri agri: forse mi stavo cacciando in un pasticcio che mi sarei potuta risparmiare; ma se ti fanno una festa di addio, poi, almeno per un po', devi pur sparire.

«N'dov'è che ti vuoi andare, stella?» chiese il benzinaio. «A Bombay.» «A Pompei vai? Ma sì, è laggiù in fondo, in Italia. E tutta sola ti vuoi andare? È un peccato che non c'ho vacanze 'sti giorni, ché ti ci avrei 'compagnato io, sennò. T'immagini che spasso?»

Alla fine si fermò uno per fare il pieno e mi diede uno strappo fino a Graz. A Graz presi un altro passaggio e continuai ancora per un po' ad attraversare la Stiria. È vero che la Stiria non mi era proprio di strada, ma lì avevo degli affari da sbrigare. Dovevo dipingere un bagno di un castello stiriano. L'aspetto seccante della faccenda era che le pareti di questo bagno non erano lisce, ma traforate. Come decorazione il proprietario voleva qualcosa di «allegro», cioè un disegno con delle donnine. Tuttavia, dove c'è una padrona di casa, spesso c'è anche una seconda opinione, che di solito conta più della prima. In questo caso la castellana era più per il floreale. Ringraziai la sorte, visto che pure io, tendenzialmente, sono più per il floreale.

Fu così che in quel bagno dipinsi il mare e tutto ciò che vi cresce e nuota dentro. Dio solo sa quel che ho sopportato in quella stanza. La pianta era quadrata, ma non proprio regolare. C'erano da tinteggiare circa otto pareti e l'arcata asimmetrica del soffitto. Ogni muro risaliva a un'epoca diversa, quindi il verde non aveva la stessa resa su ogni superficie. In compenso però la mia cassa registrò qualche entrata, che alla fine del mese doveva a sua volta travasarsi nella cassa di una certa nave.

Al momento del commiato mi diedero due lettere molto utili, di cui una indirizzata all'Aga Khan. Non ho mai potuto usarla, visto che per tutto il viaggio l'Aga Khan non si fece mai trovare laddove mi trovavo io. Ricevetti anche un coltello con la scritta: «Non essere triste».

Arrivò poi il giorno in cui fui di nuovo sul ciglio della strada in attesa di un passaggio. Il primo mezzo su cui montai era parecchio arrugginito; credo fosse un carro attrezzi. Ci viaggiai per cinque chilometri, poi doveva svoltare per una strada laterale e allora continuai a piedi. Avevo con me la mia sacca, l'elmetto tropicale e un ukulele. L'ukulele è un arnese che emette dei suoni quando se ne pizzicano le corde. Sulla via per Bombay, finii in un paesino austriaco. Appoggiai la sacca a terra e restai in attesa di un passaggio lì in mezzo alla piazza. Notai però una certa animazione dietro le tende di tulle della casetta di fronte e quindi preferii alzare i tacchi. Continuai ad aspettare ai margini di un bosco. Un'auto mi portò fino alla casa in Carinzia che stavo cercando. Così com'ero, in pantaloni e tenuta comoda, bussai alla porta. Volevo salutare una ragazza che abitava lì, che però non c'era. C'erano invece il padre, il fratello, un professore, poi ancora un altro docente e una marea di camerieri. Tutti quei signori dapprima mi intimorirono, ma poi mi feci forza; se vuoi viaggiare non puoi mica essere timida. Siccome era ormai sera, mi venne offerto un tetto per la notte.

A cena non mi presentai più semplicemente in pantaloni. Sedevo su una sedia dallo schienale enorme e dietro di me incombeva un cameriere in guanti bianchi che osservava come mi comportavo a tavola.

L'indomani me ne andai prestissimo, accompagnata fino alla strada principale dagli auspici del caso e da tutti quei signori. Si fermò un camion gigantesco che trasportava benzina. L'autista dichiarò che poteva dare un passaggio solo a me e non a tutti quegli uomini. «Loro proseguono da soli» gli risposi, e salii sul tir. Sua Signoria il padrone di casa scoppiò a ridere e volle filmare la mia salita.

L'abitacolo del tir era tutto tappezzato di immagini "allegre", ma non vi compariva nessun motivo floreale. Nei pressi del lago di Klagenfurt chiesi all'autista di accostare un attimo perché volevo raccogliere delle canne per farne pennini. Lui, dal canto suo, mi regalò una matita, in modo che la povera sottoscritta non dovesse fabbricarsi da sola pure gli strumenti per disegnare.

Più tardi viaggiai a bordo di una Topolino nella quale sedevano già quattro italiani. Per fare spazio aprirono il tettuccio. Quasi non riuscivo a respirare tanto stavamo stretti, e per giunta mi toccava pure strimpellare l'ukulele. Tutti cantavano e battevano i piedi, ciascuno a modo suo. Quello al volante teneva il ritmo suonando il clacson e premendo sull'acceleratore, così avanzavamo a scatti, seppur sempre a tempo. Quello al mio fianco mi pestava i piedi, ma presa dalla foga della musica me ne accorsi solo dopo essere scesa. In ogni caso fu molto divertente. Giunti allo svincolo fu un'impresa spiegare ai quattro giovanotti che volevo andare a Genova e non a Milano. Come regalo d'addio mi diedero un panino al salame.

In Italia fu tutto molto facile. Una volta si fermarono due auto contemporaneamente. Montai su quella che mi piaceva di più, non su quella che mi avrebbe condotta più velocemente a destinazione. Il tempo non mi mancava.

La sera arrivai a Padova, dove avevo un'altra casa da cercare. Era parecchio fuori città, in campagna, e purtroppo non era una casa, ma un palazzo, cosa che ignoravo.

Sotto i raggi della luna mi ritrovai davanti a questa magione a sbirciare tutta tremante attraverso le porte di cristallo quel profluvio di luce e bellezza, rimuginando se non fosse meglio infrattarmi tra le agavi lì di fianco per aspettare l'alba inosservata. In quel momento però uscì un tipo in guanti bianchi e livrea rosso fuoco. Nell'uniforme l'uomo ci stava come una candela nel suo candeliere. Ormai non avevo più scelta. Gli porsi la mia lettera. Cominciai a sudare per l'agitazione mentre aspettavo la padrona di casa. Bisogna sapere di che pasta sono fatti i signori italiani, per capire le mie caldane.

L'aspetto della signora si confaceva perfettamente al nome che portava. In verità non ci sarebbe stato nulla di straordinario nella sua apparizione, se io non mi fossi presentata lì tutta arruffata, con la sacca sotto il braccio e per di più in pantaloni; che figura...

«E dunque... com'e arrivata fino a qui?» Balbettai qualcosa, ovviamente non la verità, ma piuttosto farfugliai una balla riguardo a un certo cugino che aveva dovuto continuare per la sua strada. La signora non mi fece altre domande perché probabilmente ero diventata rossa come un peperone.

Mi stupisco io stessa di quanto fui ingenua quella sera. Con la padrona di casa, ritrovandoci l'una di fronte all'altra nell'imbarazzo della situazione, non ci rimase che sopportarci a vicenda. Anzi, nel corso della serata si instaurò un clima di disgelo e alla fine venni invitata a fare un'altra irruzione sulla via del ritorno. La signora aveva infatti dei figli che l'avevano abituata a improvvisate come la mia.

Il giorno dopo, di buon'ora, l'autista del palazzo mi accompagnò in fondo alla strada, là dove cominciava la città. Nel corso della giornata mi capitò di salire su parecchi mezzi. Uno di questi era un camion puzzolente di pesce, sul quale non avrei mai voluto viaggiare. L'autista, però, aveva capito al volo cosa facessi sul ciglio della strada e si era fermato. Mi regalò due grossi pesci. Ne fui vagamente disgustata e più tardi li gettai in un fiume, quelli però non andarono lontano visto che, per quanto fossero freschissimi, erano già morti da un po'.

La Pianura Padana era calda, polverosa e non particolarmente gradevole, tanto più che la attraversai con uno che mi lanciava strane occhiate mentre guidava. Era un uomo che soffriva di un eccesso di vestiario: aveva una fabbrica di abiti da donna. Gli sarebbe piaciuto farmi partecipe di quell'eccesso, cioè... se fossi andata con lui a Milano. Io però voglia di andare a Milano non ne avevo, o almeno non con uno come lui.

Passai per una località che era quasi fresca e stranamente piena di alti alberi ombrosi nel bel mezzo della Pianura Padana. Lì tutto funziona alla rovescia; si tratta, infatti, di una stazione di cura. Le ragazze ricche portano pantaloni sdruciti con grandi toppe rosse e le ragazze povere sono vestite ammodo.

Era già buio quando salii sull'ultima auto. In quel veicolo davvero vetusto c'erano tre insegnanti che cantavano al mondo la loro spumeggiante gioia di vivere, così che tutti i passanti che incrociavamo potessero beneficiarne. Erano tutti e tre in bretelle e senza giacca. Per il caldo si erano tolti i colletti e sbottonati le camicie per dar libero sfogo alle loro ugole. Quello col vocione più grosso aveva una lunga barba che pareva fargli da cassa di risonanza. Ovviamente anch'io dovevo cantare e suonare assieme a loro. Il mio strumento non si sentiva proprio, eppure saltò una corda.

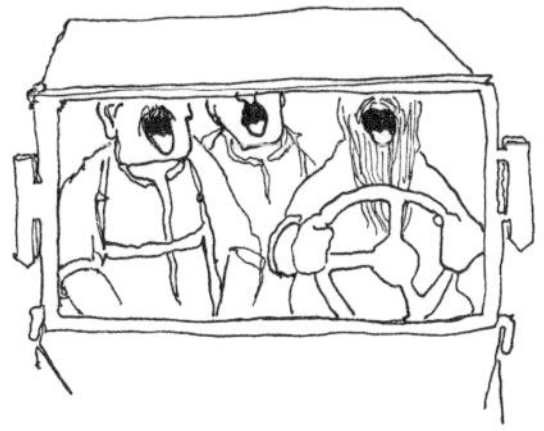

I tre maestri di scuola mi accompagnarono con fare paterno a una strada secondaria, ovverosia parecchio fuori mano, da un loro collega che mi poteva ospitare. Il professore da cui passai quella notte insegnava tedesco, quindi dovetti fare un po' di conversazione in quella lingua. Il suo argomento preferito era Goethe, del quale sproloquiammo alla meno peggio fino a mezzanotte. La moglie del professore non capiva una parola, ma ci ascoltava attentamente, illuminandosi ogni volta che il marito emetteva quegli ostici suoni stranieri. La signora mi regalò una mela e un panettone per quel mio ultimo tratto di Europa.

L'ultimo che mi diede un passaggio era un costruttore di aeroplani. Non sapeva parlare d'altro che di aerei. «Lasci salpare la sua nave» mi disse. «Tra un paio di settimane noi due voleremo via insieme. Arriveremo a Bombay ben prima del suo transatlantico, glielo garantisco.» Il suo piano non andò a buon fine. A Genova alloggiai in un convento.

Per Genova ho un debole particolare perché ospita molti gatti. Trascorsi la giornata inseguendo i mici del porto; un quartiere grandioso, quello del porto, con un'atmosfera libera e informale. Uno straniero trova subito modo per fare conoscenze, se si sente solo. Io non ne feci, forse perché non sembravo abbastanza straniera.

Di Genova in pratica ho visto soltanto il porto. Con gli occhi pervasi della sua immagine, lasciai l'Europa.

Terzo capitolo

Siccome per le cose importanti bisogna sempre attendere a lungo, il primo agosto dovetti aspettare un bel po' prima di salire a bordo dell'*Asia*. Insieme a me erano in fila altre cinquecento persone circa.

Venivano da ogni dove. Davanti avevo un prete con un caschetto coloniale marrone. Alle mie spalle due donne cinesi che indossavano gonne lunghe e strette con degli spacchi laterali per poter camminare. Di fianco avevo Fridolin, il quale riteneva che gli spacchi fossero esagerati. Era venuto da lontano solo per salutare quella nave di passaggio.

C'erano tre classi di passeggeri. Le prime due erano visibili, la terza – che in realtà costituiva la grande massa – era invisibile. Probabilmente questa grande massa veniva imbarcata direttamente nello scafo della nave. Pensavo tra me e me che per la cifra che avevo pagato sarei dovuta finire appesa alle eliche dei motori. Un doganiere mi chiese dove fosse il mio bagaglio. «Eccolo qua, è questa sacca.» «No, intendo *tutti* i suoi bagagli.» «È questo *tutto* il mio bagaglio.» «Ah, quindi scende a Napoli?» «No, a Bombay.» «*Per l'amor di Dio!*», e scoppiò a ridere, a ridere così forte da far rimbombare l'intera zona portuale, prendendo anche a saltare a destra e a manca finché tutti conobbero la storia del mio sacchettino, unico mio accompagnatore fino in India. A quel punto a sbellicarsi era l'intera dogana. Da allora in poi venni servita ogni volta in un baleno.

Il passeggero dopo di me, con i suoi trecentosettantotto colli, era leggermente più carico. Ciononostante aveva vita più facile di tutti gli altri, visto che non doveva occuparsi personalmente dei propri averi. Per queste incombenze aveva un cerimoniere a disposizione. Non era, infatti, un comune mortale, ma un personaggio fiabesco da mille e una notte, e il cerimoniere era quasi più fiabesco di lui; era così bello che a momenti quasi mi scordavo di guardare ogni tanto anche alla mia sinistra, verso Fridolin.

La nave era bianchissima e nuova di zecca. All'interno odorava di gomma fresca. Il mio letto era in una cabina tripla in classe turistica, graziosamente incorniciato da tendine a fiori. Mi piaceva tutto, tranne i dipinti sulla parete delle scale d'ingresso; ci sarebbero stati meglio dei motivi floreali.

A quel punto Fridolin venne rispedito a terra. Poi issarono il ponte e per un bel po' non accadde nulla.

Alle due del pomeriggio la nave cominciò a muoversi. Di fianco a me c'erano i due personaggi usciti da una fiaba. Non avevano nessuno da salutare a terra, e sentivo che mi osservavano mentre agitavo la mano. Nei miei pressi c'era anche un altro uomo, brizzolato e alto la metà di me. Il suo bisogno di comunicare lo indusse a rivolgermi la parola. Parlava un francese che scrosciava veloce come una cascata. Afferrai che era diretto in India assieme a una comitiva di quaranta parigini. Disse che viaggiava in prima classe e gli avrebbe fatto piacere invitarmi a raggiungerlo lì di tanto in tanto. «Ho già parlato con il capitano. Sa… la prima classe è molto distinta. Le nostre signore portano gioielli preziosi. Lei possiede un suo guardaroba?»

Prima di entrare nella sala mi consigliò di togliermi il casco tropicale: «Pensi solo a essere disinvolta, è in mia compagnia, ora». Una volta entrati continuò, sgranando gli occhi: «Lo sa che nel Mar Rosso passeremo l'inferno? E lo sa che lì bisogna portare l'elmetto anche di notte, se si sta sul ponte della nave? La luna del Mar Rosso è pericolosa». «Sì, monsieur, lo so, la luna è pericolosa. I cappelli però di solito sono del tutto inefficaci contro la luna.»

«Oh, mademoiselle, io mi sono fatto confezionare un elmetto tropicale con doppio filtro protettivo. Non ha sentito parlare di quel caso…? Pare che un uomo ci sia rimasto secco sul ponte di notte. Proprio sul Mar Rosso! E nessuno sapeva dire perché. Ma io lo so perché: sono i raggi… E poi sa…» Il suo sapere continuò a sviscerarsi per ore. «…In India le si arrugginiranno tutti i bottoni… e persino i denti… Io ho solo otturazioni d'oro. Deve fare ginnastica, se le viene il mal di mare… Le donne soffrono sempre di mal di mare. Due giri di corsa intorno al ponte concentrandosi sul fatto che la nave non stia oscillando… No, la nave non oscilla… Poi bisogna rotolarsi sul pavimento per sei volte… e mangiare, mangiare in continuazione.»

In effetti lì si poteva mangiare di tutto e di più, e fino a scoppiare. Ordinai l'intero menù, tanto che nei giorni successivi persi la voglia di ingerire qualsiasi cosa; altro che mare, mi venne il mal di menù.

Dopo una giornata di navigazione eravamo ancora in Europa, per la precisione a Napoli. Entrammo in porto per le patate. Pensate un po': solo per le patate. Avessero almeno caricato vino o dipinti a olio… e invece no, caricarono solo patate per Ceylon, per tutta la notte, e alla fine pure una bicicletta destinata a Porto Said.

Quel pomeriggio scesi a terra a fare un giretto. Feci fatica a uscire dalla zona del porto. Una decina di tassisti avevano fiutato l'affare e mi rincorrevano urlando e spintonandosi: «*Signorina*, un giro su una macchina di lusso! Quattromila lire… Tremila lire». Rivoltai le tasche, palesemente vuote. A quel punto ne rimase soltanto uno, che gridò: «*Bella signorina*, io la porto in giro gratis... Anch'io sono uno studente, *signorina*...». A quel punto erano di nuovo in cinque a offrirsi di darmi un passaggio, tutti gratuitamente; però volevano andare in campagna e io non ne avevo mica voglia. La campagna è uguale dappertutto. Chiesi a un uomo appoggiato alla sua bicicletta di fianco a me se poteva prestarmela. Inizialmente era un po' perplesso, ma alla fine acconsentì.

Pedalai un bel po' in giro per la città. Mi spinsi tanto lontano da riuscire a vedere il vulcano, poi me ne tornai indietro soddisfatta. Diedi una monetina a un grazioso fanciullo che mendicava tirandomi per la manica; e dopo avevo un braccialetto di meno...

L'*Asia* era ora un po' più immersa nell'acqua del porto, tutte quelle patate la zavorravano verso il basso. Quindi riprendemmo il viaggio, costeggiando la Sicilia e molte isole rocciose. Una donna gridò: «Lì c'è il bandito Giuliano!», invece c'era solo un faro. Poi l'Europa scomparve del tutto dal mio campo visivo. La vita a bordo era spensierata; ci si lasciava vivere, per così dire. C'erano una piscina e un parco giochi, ovviamente vietati alla grande massa.

Ci stavamo avvicinando alla costa africana. Il vento del deserto rannuvolava più di qualche volto. Anche quello dell'omino, ben conscio del pericolo che si nasconde dietro a ogni granello di sabbia. In Egitto si sarebbe trattenuto dal ridere per non far vedere ai predoni l'oro incastonato nella sua bocca. Per il resto aveva sempre il doppio filtro del suo casco ed era il cocco della guida turistica della comitiva. Me la presentò e venni così accolta nella cerchia dei francesi, in modo da godere dei vantaggi di appartenere a un gruppo, come l'escursione sul suolo africano.

C'era odore di terra. L'acqua e il cielo si tinsero di giallo. All'improvviso tra di essi affiorò una linea nera, da cui emerse una città, Porto Said.

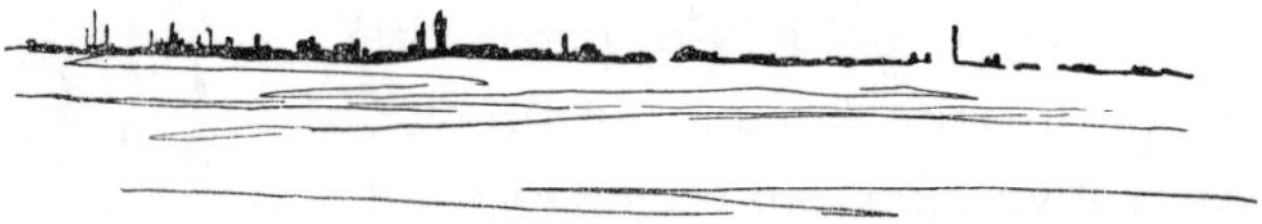

Ad apparirci per primi furono i mercanti. Vogavano in sciami verso la nostra nave e da sotto ci offrivano borse di vera pelle africana con le chiusure lampo. Poi scorgemmo dei grossi uccelli appollaiati sulle banchine del porto. Man mano che la nave si avvicinava, mi resi conto che in realtà gli uccelli erano uomini. Sedevano in modo molto strano: non si mettevano come noi, ma stavano poggiati sui talloni, tanto che i calcagni gli spuntavano da dietro a mo' di zampe di gallina.

Una volta scesi a terra ci contarono, ci sistemarono in diverse auto e ci portarono al Cairo. La strada era piena di uomini e di asini. Gli uomini portavano lunghe camicie da notte e in testa una specie di asciugamano elegantemente intrecciato e attorcigliato. Qua e là si vedevano fluttuare anche dei panni neri con pignatte di terracotta in cima; dovevano essere le donne. Non v'era traccia dei colori smaglianti di cui si legge nei libri; tutte le tinte si confondevano con il tono giallastro della strada. Il paesaggio era pianeggiante e i cammelli collinosi. All'inizio dalla distesa di barche piatte spuntavano alberi ricurvi; poi fu solo sabbia, nella quale era piantata una manciata di fili d'erba come spiedi sparuti. La musica dei tamburi africani emessa dall'autoradio amplificava la monotonia del tutto.

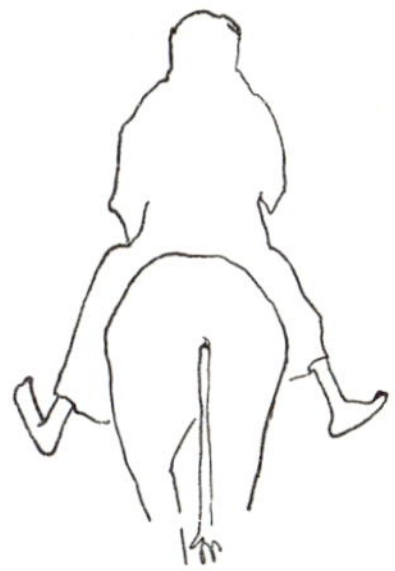

Era notte quando giungemmo al Cairo. Dovemmo aspettare a lungo sulla piazza principale perché la guida turistica era indaffarata con questioni organizzative. Ci scambiammo i posti auto. Ora dietro di me sedevano due signore, appartenenti alla generazione prima della mia. Per una notte alloggiammo nella cittadella universitaria. La mattina successiva le due signore portavano le trecce e sembravano delle ragazzine. Entrambe volevano sempre sedersi davanti in macchina per godersi la vista. Io non avevo niente da ridire. Per il resto non erano particolarmente espansive nei miei confronti.

Vedemmo le piramidi e la Sfinge, che sorrise al nostro arrivo, forse per via delle trecce…

Chiunque abbia visitato l'Egitto conosce la signora mamelucca che ci condusse al museo in piena canicola. Davanti al museo l'esercito egiziano marciava al suono della cornamusa. Un certo monsieur Lambert fotografò la marcia. La polizia militare notò questa mossa sospetta e gli strappò di mano l'apparecchio.

Quello stesso giorno ci fecero visitare anche una fortezza e una moschea. Ho visto talmente tante cose che non so nemmeno più che aspetto avessero; per fortuna si potevano comprare cartoline di tutto.

Un'infinità di volte ci siamo dovuti togliere le scarpe prima di entrare nei luoghi sacri. Soffrivo indicibilmente per colpa dell'elmetto tropicale e il mio comportamento era un'autentica spina nel fianco per la signora mamelucca. Me ne andavo sempre per conto mio, finendo o troppo avanti o troppo indietro. Mi sedevo puntualmente nel posto sbagliato al momento sbagliato. Al museo mi piazzai su una sedia funeraria, e la signora mamelucca non mancò di sentire lo scricchiolio delle giunture. Davanti alle piramidi ero in groppa a un asino che si imbizzarrì e scappò via con me sopra. Il risultato fu una caccia selvaggia che coinvolse me, l'asino e tre beduini che ci rincorrevano in svolazzanti camicie da notte. La signora mamelucca era furente di rabbia.

Il tragitto da Porto Said a Suez fu un calvario. Verso la fine dell'escursione, mentre attraversavamo il deserto, anche le due signore cominciarono a risentirne. Diventarono più silenziose, e più malevole. Le trecce pendevano mosce dietro le loro orecchie. Il deserto le tediava, perché da vedere non c'era altro che la strada azzurra, la sabbia gialla e il cielo, di cui a quelle due non importava proprio nulla. A Suez risalimmo sulla nave, che in nostra assenza aveva attraversato il Canale.

Sull'*Asia* regnava il silenzio. Con una doccia ci riprendemmo dalla visita dell'Egitto, che ci aveva stremato. Mentre navigavamo sul Mar Rosso evitammo di esporci alla calura esterna. Dagli oblò chiusi ermeticamente si vedevano i delfini saltare di onda in onda.

Una volta stavo giocando sulle scale con un cagnolino bianco. Arrivò un tizio che attaccò a parlare prima col cane, poi con me. Aveva il viso scurissimo e denti candidi come la neve, caratteristica di cui era ben consapevole, visto che sorrideva in continuazione, perlopiù senza motivo. Portava un turbante bianco e aveva la barba nera. Mi invitò a un ballo su in prima classe per quella sera. Io non avevo nulla in contrario.

A tavola chiesi alla mia vicina inglese chi fosse quella gente barbuta e inturbantata. «Sono sikh» mi spiegò Mrs Taylor. «Vengono dall'India del Nord. Sotto il turbante portano i capelli lunghi, non possono tagliarne nemmeno una ciocca. Durante la guerra ci hanno dato un aiuto prezioso, combattendo nelle fila del nostro esercito. È un popolo di guerrieri...»

La festa era molto varia sotto tutti i punti di vista. Le donne bianche esibivano un generoso décolleté; le donne scure avevano la pancia scoperta, ma pietre pesanti intorno al collo. La gente era di buonumore, si facevano discorsi divertenti, sebbene di scarso interesse. Il tenente Singh – così si chiamava l'uomo – disse che purtroppo doveva scendere dalla nave già a Aden per continuare il viaggio in aereo. Nel corso della serata vidi il tenente fare un cenno a qualcuno. Dopodiché mi disse che Sua Altezza avrebbe avuto piacere a conoscermi. L'Altezza era l'uomo con le trecentosettantotto valigie e il bel cerimoniere.

Sedeva a un tavolo con la famiglia, i suoi cortigiani e il capitano. L'Altezza portava un turbante rosato e un paio di baffi regali. Se fosse nato in un'altra epoca, la sua gente avrebbe dovuto temerlo, ma oggigiorno serve ben altro per incutere timore a un popolo. All'Altezza non restava quindi che la sua innocuità. Ballò con me, e mi sentii molti sguardi addosso. L'Altezza era molto interessato alla mia persona; voleva sapere chi fosse il giovanotto che mi stava accanto al porto di Genova e se mi piacesse l'ufficiale indiano. «Darò una festa, ma solo dopo Aden» disse lanciandomi occhiate sornione. «Verrà, non è vero?»

Una mattina sentimmo spirare un fresco venticello. Dal mare spuntarono degli scogli e dagli scogli diversi calderoni di petrolio color argento. Un branco di marmocchi neri nuotava intorno alla nave e si immergeva alla ricerca delle monetine che venivano lanciate dall'alto. Uno di loro aveva biondi capelli lanuginosi.

I francesi ne avevano abbastanza di me e io del mio attacco di gregarismo; decisi quindi di scendere a terra a mio rischio e pericolo. Il porto di Aden è un territorio libero e credo che ci si possa trattenere praticamente chiunque.

In piedi accanto a me c'era un essere lungo e nero, che portava una pettorina bianca e una gonnella fino alle ginocchia. Era un somalo. Mi guardava con una calma inquietante. Un mendicante cieco mi passò di fianco con la mano tesa, intonando al cielo canzoni arabe. Anche qui la gente girava in camicia da notte; sopra quell'indumento alcuni indossavano pure una camicia da giorno, o ciò che ne rimaneva dopo anni di utilizzo. Su varie teste troneggiavano pignatte di cotone colorato. In quell'ambiente cupo spiccava come un angelo un uomo bianco di fronte a una bottega.

In realtà non aveva un aspetto propriamente angelico, dato che in mezzo al viso gli spuntava un mostruoso coso rosso, ovverosia il naso. L'angelo mi sorrise e il naso si dilatò ancora di più. Gli chiesi dove potevo trovare una bicicletta. «Mia cara signorina, non vorrà andare in bicicletta da queste parti? Qui le ragazze non vanno in giro in bici. Non lo sa che questo è un Paese pericoloso?» «Oh, non mi succederà nulla, sono sicura.» «Vedremo... Mustafa! Ma dov'è finito? Mustafa, vai a prendere una bicicletta!»

Non riuscii a raggiungere in bicicletta la città vera e propria perché si trovava al di là del colle. Dovetti spingerla e mi misi a pedalare solo una volta giunta nella zona del porto. Percorsi le viuzze arabe, sfrecciando in mezzo a casette a forma di cubo. Arrivai tanto lontano che a un certo punto non vidi più strade, ma solo cubi sparsi qua e là, come se fossero piovuti dadi dal cielo. Si stava facendo buio. Dai dadi cominciarono a portar fuori dei trespoli e a piazzarli davanti al buco che si apriva in ognuna di quelle casupole. Gli abitanti ci si sdraiavano sopra e sotto. Li vedevo in controluce; dai buchi usciva il chiarore dei focolari. A un certo punto dovetti scendere dalla bici perché ero finita su un terreno molle. L'oscurità intorno a me prese ad animarsi. Risalii in sella alla svelta e tornai indietro.

A Aden si può comprare qualunque cosa. A suo tempo, l'omino di Parigi mi aveva consigliato di acquistare lì il mio corredo, perché tutto costa meno; purtroppo però mi mancavano i mezzi per farlo.

Entrai comunque in un negozio di opere d'arte. Il mercante mi fece vedere intere montagne di quadri;

dipinti orribili provenienti da ogni parte mondo. L'opera più bella ed economica era un disegno a china cinese. Lo comprai per tre scellini. «Siccome madame se ne intende, voglio mostrarle una cosa di grande valore» sussurrò l'uomo con uno scintillio misterioso negli occhi. Lo seguii lungo un dedalo di corridoi e su per una scala ripida, fino a quando si fermò davanti a un quadro mostruoso. Vi era raffigurata una Venere bionda, tanto enorme e ripugnante da farmi venire i brividi. Le gambe sembravano due colonne doriche su cui stava piantata come se fosse lì lì per crollare. «Non è una meraviglia? Un capolavoro della pittura italiana, stimato diecimila dollari.» «La stima mi pare un pochino eccessiva» mi permisi di commentare. «Madame gradisce un caffè?» «No, grazie. Il quadro è comunque un po' troppo grande per i miei gusti.» Non ero stata molto gentile, per le consuetudini arabe. Me ne accorsi dalla sua espressione. Mai dare a vedere che si sono intraviste le intenzioni altrui.

Tornai quindi da Emanuel, l'angelo greco. «Posso accompagnarla in auto?» mi chiese. «Sì, ma solo se guido io.» Fece una faccia beota; non aveva ancora mai visto un essere di genere femminile al volante. Alla fine, comunque, ha dovuto capire, perché altrimenti a quel giro in macchina ci avrebbe dovuto rinunciare.

Sedeva impaurito al mio fianco. La strada si snodava su per un colle brullo e roccioso. La luce dei fari illuminava lamiere ondulate e muri scalcinati sparsi per i terreni circostanti; parevano abitati. Emanuel voleva fermarsi, ma io no. «Abbiamo tempo» diceva. «Non deve per forza tornare su quella nave. Con me è al sicuro. Sa, non sono sposato. I miei affari vanno bene. Possiamo sposarci anche domani, se lei vuole, dico sul serio...» Purtroppo sono sempre quelli sbagliati a chiedermi in moglie. Nemmeno Emanuel sarebbe stato proprio quello giusto... ma che si può rispondere in casi del genere? «Sa, Emanuel, non posso accettare così su due piedi; prima devo chiedere a casa, la faccenda andrà per le lunghe.» «Ma io aspetterò. Suo padre non mi disdegnerà di certo. Sono un uomo d'onore. Mi scriva e mi mandi dei telegrammi, appena avrà chiarito la questione. Io sarò sempre disponibile.»

Nel frattempo avevo imboccato la via del porto. Emanuel mi infilò in mano un pacchettino e disse «Addio» con voce tremante. Forse avrei pensato ancora a lungo all'angelo greco, se sul cammino non avessi incrociato Donald. Era un ufficiale inglese in procinto di scendere dalla nave dopo una visita, proprio mentre io stavo per risalirci. Poi invece non sbarcò proprio subito... Era giovanissimo, biondissimo e anche parecchio sveglio, visto che riuscì in qualche modo a farsi presentare e per di più in maniera impeccabile. Giusto in quel momento la sirena della nave annunciò la partenza. Ci fu appena il tempo di scambiarsi gli indirizzi, poi Donald schizzò via e la passerella venne issata. Per un bel po' vidi risplendere una testolina bionda ferma sul molo; io salutavo con la mano.

A bordo stavano preparando una festa in maschera. La maharani, la consorte di Altezza, mi avvolse in un meraviglioso abito di seta indiana ricamata in oro. Con un punto rosso in mezzo alla fronte, feci il mio ingresso in sala.

Purtroppo quella sera Altezza era parecchio indispettito. Il giovane ufficiale indiano, infatti, era rimasto a bordo, nonostante gli fosse stato ordinato di arrivare a ogni costo in tempo a Bombay, il che gli sarebbe riuscito solamente se fosse sbarcato a Aden e avesse proseguito il viaggio in aereo. In caso di ritardo, i vertici dell'esercito lo avrebbero degradato. Mentre ballavamo, Altezza mi chiese se fossi solita dipingere quadri dove si potevano riconoscere il naso e la bocca, o se mi dilettassi invece a mettere due nasi al posto degli occhi. E si sbellicò dopo aver pronunciato quella battuta. Altezza è uno spiritosone ed è sempre il primo a ridere dei propri frizzi e lazzi. «Disegno tanti nasi quanti ne scorgo sulla faccia del mio modello» risposi. Altezza rise di nuovo, ma non più così forte. Mi invitò nel suo palazzo per fargli un ritratto. «Ma, Altezza, lei ha abbastanza pazienza per starsene molto tempo seduto, fermo e zitto?» Fece una strana espressione e improvvisamente cambiò voce: «Intende dire, nel caso che ci annoiassimo? Ci sono tanti modi per scacciare la noia; lo sa anche lei, no?». «Non c'è rimedio contro la noia congenita.» «Non ho ancora mai conosciuto una ragazza noiosa.» Facemmo entrambi una risata eloquente, seppur pensando a cose diverse. «Vorrà dire che sarò io la prima» dissi. «Non andrà molto lontano, allora...» Altezza tacque di colpo, poi cominciò a guardarsi intorno.

Un cerimoniere attento si prende cura del benessere fisico e spirituale del proprio padrone. Tiene sempre d'occhio il suo signore e sa cosa gli passa per la testa. È un concentrato di abnegazione e pensa a se stesso solo quando il padrone non ha bisogno di nulla. Il cerimoniere presentò ad Altezza la signora con cui aveva appena ballato.

Finita la festa, provai a restituire alla maharani il prezioso abito lungo cinque metri, ma lei sorrise dicendo: «È un regalo», e cambiò velocemente discorso per non lasciarmi il tempo di ringraziare. La maharani portava sempre un diamante sulla narice sinistra. Era bella; non più giovanissima, ma pur sempre bella. I suoi occhi esprimevano tutta la bontà di questo mondo. «Quella povera donna... assieme a un uomo del genere!» mi aveva detto una volta qualcuno, parlando di lei. Ma io non ero d'accordo. Bisognava vedere con quanta premura lui si accompagnava alla moglie e come le parlava. Ovviamente ogni tanto subiva l'effetto del whisky o di altra roba del genere, ma non si può vivere senza vizi, specie se si hanno i mezzi per coltivarli. Oltretutto anche in Oriente non si può essere immuni dall'influsso esercitato dall'Occidente.

A bordo c'era un viennese con una bella faccia abbronzata che pareva una parete rocciosa. Stava spesso fuori in coperta a scrutare il mare. Lo invidiavo perché non aveva bisogno di compagnia per essere contento. Era in viaggio verso il tetto del mondo. (Peraltro l'ho rivisto la settimana scorsa sul viale della stazione di Zurigo. Era appena tornato dal tetto; adesso ha due dita e mezzo di meno, in compenso può vantarsi di essere stato il primo a fare la scalata. «Fa niente...» ha detto mentre gli guardavo le dita annerite. «Tanto 'ste due dita mica mi servono.»)

Durante le passeggiate a bordo incontravo spesso il signor Frei di Basilea, che scuoteva la testa non appena mi incrociava: un gesto da sapientone che mi sembrava assolutamente fuori luogo e ogni volta mi faceva arrabbiare. Lo sapevo anch'io che esisteva il babau, non c'era bisogno che me lo insegnasse il signor Frei; ma lui era uno svizzero, per l'appunto: «Lei l'ha un'idea completamente sbagliata di questo Paese… Non mi butti a mare tutti 'sti bei diamanti!». «Ah, no, signor Frei, le perle mi stan meglio.» «La vedrà cosa che le succede!»

A volte sul ponte incontravo anche Shalu, sempre intenta a tenere a bada le vesti scompigliate dal vento. Era indicibilmente bella, la donna più bella che si possa immaginare. I suoi occhi sarebbero stati grandissimi anche senza il trucco indiano. Ogni giorno indossava un nuovo patrimonio di gioielli, interi reticolati di pietre preziose al collo. Sembrava divenire sempre più affascinante ogni volta che la incontravo. Era in viaggio di nozze. «Quando sarai a Delhi, devi venire a trovarmi» mi diceva. Un giorno la vidi seduta a bordo piscina mentre si pettinava i capelli, che le arrivavano alle ginocchia. Nel frattempo il cerimoniere stava nuotando. Senza il turbante faceva uno strano effetto. In cima alla testa aveva una pallotta di capelli legati; sfortunatamente un paio di ciocche non ce la facevano ad arrivare fin lassù e pendevano sconsolate per aria come liane acquatiche. Nel complesso, pareva che sulla nave ci fossero solo francesi, anche se erano solo quaranta su cinquecento passeggeri. In ogni caso, quando il cielo iniziò a farsi plumbeo e questo nostro mondo a sembrare un piano inclinato, le sale e i saloni si svuotarono e rimase solo il monsone a combinarne di tutti i colori. A dispetto della tempesta e del rollio, l'omino saggio di Parigi continuava a passeggiare allegramente in coperta tutti i giorni, avanti e indietro. Era raggiante perché si stava inverando tutto quello che già presagiva da tempo: *les dames se reposent.* Solo lui e tutti coloro che gli avevano creduto e lo avevano imitato erano ancora vispi e arzilli.

Mentre la nave entrava nel porto di Karachi, l'atmosfera cominciò a rianimarsi. Riapparvero anche le due francesi; questa volta portavano le trecce raccolte intorno alla testa, come Margherita, ma senza arcolaio.

Nel porto trovammo una strana razza di cavalli. Mi sarebbe piaciuto cavalcare un po', ma siccome di solito è il più pesante che porta il più leggero, non mi azzardai a salire su quelle carcasse ronzinanti. Oltretutto non sapevo com'erano addestrati. Fu così che anche quella volta mi avventurai in città in bicicletta.

Alcune zone non erano accessibili perché era in corso una manifestazione per il Kashmir. L'aria era puzzolente e faceva un caldo appiccicoso. Mi sentivo addosso sinistre occhiate orientali. Di fianco a me quattro individui pedalavano su due biciclette arrugginite. Mezz'ora dopo mi stavano ancora tutti e quattro intorno, seguiti da altri tre.

Non ero proprio felicissima di essere a Karachi. Effettivamente il signor Frei aveva ragione: avevo nostalgia di tutto ciò che lì non c'era, e non c'erano molte delle cose che ci sono da noi. Non c'erano vetrine né sale da tè, solo caffè per uomini; in generale era tutto pensato solo per gli uomini. Signore non se ne vedevano in giro. A parte questo, c'era gente in abbondanza, ovunque si guardasse; uomini in ogni dove; quasi non si vedeva la città per quanti ce n'erano. Alcuni se ne stavano stesi per terra, altri accovacciati sul ciglio della strada, che non era propriamente pulita. Non mi azzardai a scendere dalla bicicletta, quindi pedalai senza sosta per le strade, fino a quando mi ritrovai di nuovo fuori dall'abitato, su una spiaggia di sabbia. Stracci e assi di legno erano sparsi tra i ciuffi d'erba; sembrava che il monsone avesse provocato un'inondazione. Più in là, dalla sabbia saliva del fumo intorno al quale stava rannicchiato un mucchietto di stracci umani. Bambini marroni con ciocche di capelli grigi appiccicati al viso per il sudiciume cominciarono a saltellarmi allegramente intorno appena mi videro; non avevano idea della loro povertà. Dietro ai bambini e alle dune, casamenti bianchi con le fattezze di palazzi illuminavano l'area circostante; erano l'unica fonte di luce. A largo la prua di una nave affondata svettava dritta nel cielo color acciaio.

Quella sera l'*Asia* riprese la sua rotta. Durante il viaggio le lancette dell'orologio venivano spostate in avanti di un'ora ogni due giorni. Io non mi piegavo a questo imbroglio e continuavo a vivere secondo il vecchio orario; così gli ultimi giorni andò a finire che dormivo dalle quattro del mattino alle due del pomeriggio, senza peraltro che mi mancasse nulla, visti i buoni rapporti che intrattenevo con il capo del servizio di bordo.

Di notte me ne stavo appoggiata solitaria a qualche parapetto, a contemplare il mare blu e la luna velata. Pensavo a ciò che era e sarebbe stato, al passato, alla caducità delle cose e, con un vago senso di oppressione, anche al mio futuro.

Quarto capitolo

Avevo appena finito di sbrigare le pratiche doganali e ormai potevo muovermi liberamente per il Paese, ma non sapevo ancora bene che fare con questa libertà di movimento. La sacca se ne stava al mio fianco, accasciata tale e quale a me, nel porto di Bombay. Faceva caldo come non mai, pur non essendoci il sole e nonostante mi fossi messa l'elmetto tropicale in testa. Il cielo era come da noi quando sta per piovere; in realtà non pioveva, ma era comunque troppo umido per me, e non solo per me. Tutto appiccicava e puzzava. Un uomo magro e scuro tirava la mia sacca dicendo qualcosa tipo *memsaab* e poi dell'altro ancora. Lo guardai attonita, tanto che si allontanò. Mi trovavo in India, dunque; il Paese delle meraviglie. Ero piuttosto delusa, in realtà: un posto dove così tanta umanità si trascina a quel modo non può essere meraviglioso.

Non che da quelle parti mancassero avvenimenti di cui meravigliarsi. Mi si presentò davanti un uomo che in uno strano inglese mi domandò: «Mi scusi, lei è Miss von Arx?».

«Sì, sì, sono proprio io.»

«Sono Mr Mitra, ho una lettera per lei.»

Lessi: «Katharina, Le mando il mio amico Mitra, che La accompagnerà al pensionato cristiano per ragazze. Può stare lì per qualche giorno. Mitra Le mostrerà la città. La aspetto la settimana prossima alla stazione di Calcutta. Mandi un telegramma per avvisarmi del suo arrivo. Le farò preparare un alloggio nel mio palazzo. Cari saluti, il suo G. Raj». Così scriveva Mr Raj di Calcutta, l'omino che avevo conosciuto a Vienna alla mia festa d'addio.

Dovevo salire in macchina. Per un attimo mi vergognai tra me e me al ricordo delle storie sulla tratta di ragazze raccontate dal signor Frei di Basilea. Ma non si può fare semplicemente cattivo viso a buon gioco. Nell'auto c'era già un altro uomo, simile a tutti gli altri signori del posto, ma con gli occhi verdi. Aveva un nome impronunciabile. Quegli occhi verdi mi turbarono così tanto che gli chiesi subito se fosse di quelle parti. Sorrise e rispose che sì, era proprio di lì. In generale, entrambi i tizi facevano delle facce molto rassomiglianti al cielo di quella zona: né bello, né brutto.

Ci fermammo in uno spiazzo verde, di fronte a un edificio recintato e sorvegliato. Sentii un cinguettio provenire dalla porta aperta. Era il pensionato per ragazze, al quale venni data in consegna. All'interno il cinguettio era ancora più forte. L'istituto era diretto da una signora inglese di una certa età, che mi accolse cristianamente e mi spiegò il regolamento della struttura. Le stanze odoravano di disinfettante. I muri erano alti e verdi e i letti di ferro. Non c'era nulla di superfluo in quelle stanze, nemmeno alle pareti. Dal soffitto pendeva un aggeggio contro l'afa; aveva tre pale e si metteva a girare se si schiacciava un bottone. Un cameriere scuro e taciturno mi accompagnò in sala da pranzo.

Al mio ingresso si propagò un movimento generale di teste. Non mi è mai più capitato di vedere tanti popoli radunati assieme nella stessa stanza come in quel refettorio: ragazze indiane, cinesi, americane, australiane, di Parigi e di Amsterdam, svedesi, egiziane ecc. Alcune indiane portavano abiti europei o grembiuli neri. La giovane seduta accanto a me indossava pantaloni larghi e lunghi con sopra una gonna che le arrivava alle ginocchia e uno scialle intorno alle spalle: un abito del Punjab, nell'India settentrionale; lei però era di Chicago.

Tutte queste schiere di popoli mangiavano lo stesso cibo: un riso al curry che ti bruciava lo stomaco. Non avevo tanta fame, piuttosto avevo voglia di un po' d'aria tutta per me e di un letto; così, appena potei, me ne cercai uno per sdraiarmi.

Quel pomeriggio l'uomo con gli occhi verdi venne a prendermi e mi accompagnò a visitare un museo. Mi portai dietro l'asciugamano. Seguii la mia guida lungo innumerevoli corridoi, sempre sperando che il passaggio successivo fosse finalmente l'ultimo e ci conducesse all'uscita. Per fortuna che non dovevo orientarmi da sola, ma potevo limitarmi a seguire il mio accompagnatore, come si usa fare in India. Non appena gli occhi verdi guardavano avanti, tiravo fuori in fretta l'asciugamano e mi tergevo la fronte, cosa che però potei fare solo fintantoché quel cencio fu meno bagnato della mia testa. Lui, al contrario, non aveva per niente caldo, la sua pelle era asciutta e liscia come un guanto scamosciato nuovo di zecca.

Mentre io di tanto in tanto balbettavo «Ah!» e «Oh!», l'uomo continuava a parlarmi allegramente delle statue di divinità mezze rotte lì esposte. Mi raccontò del dio danzante, Shiva, e delle sue quattordici braccia; di Krishna, di Ajanta, di Ellora e dei templi scavati nella roccia. Non mi venne risparmiato il peggio, cioè la sezione di arte occidentale. Ce la si cava presto, comunque, poiché da vedere c'è solo quello a cui in genere chi passa da qui non presta attenzione, per esempio uno dei quadri più piccoli di un certo signor Tiziano, appeso con grande umiltà in un angolino. Non c'è proprio motivo di fermarsi a contemplare i vasi vittoriani o le schiere di Veneri lì custoditi, tanto ci si soffermano già abbastanza persone.

«Domani tornerò a farle visita e le porterò una pelle di leopardo» disse l'uomo dagli occhi verdi, congedandosi dinanzi al pensionato. Non l'ho mai più rivisto.

Verso sera venne a prendermi Mitra per andare a cena. Disse che il cibo del pensionato non era abbastanza buono e che dovevo mangiare con lui. Mi condusse in un grande hotel con tante torrette bianche; abitava lì. Il ristorante brulicava di camerieri, ma non di avventori. Nell'attesa, i camerieri ci osservavano.

Dopo cena facemmo una passeggiata fino alla spiaggia. Mitra non si separava mai da un ombrello nero alto quasi quanto lui, ma più basso di me. Avevamo entrambi molto da raccontarci, quindi continuammo a camminare senza accorgerci di quanto lontano ci eravamo spinti nel calore della notte. Ogni tanto dal cielo piombava uno scroscione benefico che durava una decina di secondi. Mitra mi descrisse la sua esistenza: non aveva amici; di giorno lavorava in un ufficio, di sera andava a passeggio con il suo grande ombrello; viveva in hotel. E la sua vita era tutta lì. Mi faceva pena. Gli chiesi perché non ridesse mai, e perché nemmeno gli altri ridessero mai. «L'India è un Paese serio» rispose. «Non c'è niente da ridere qui da noi… Ciononostante non vorrei vivere in nessun altro posto.»

Di giorno restavo perlopiù nel pensionato, mezza morta per il clima. Chiacchieravo spesso con la direttrice. Era una donna molto generosa che aveva dedicato al bene la propria esistenza; in particolare tentava di salvare le ragazze dalla rovina, impresa sicuramente non facile a Bombay. Mi sentivo protetta sotto la sua cristiana vigilanza, anche se, per via delle mie rare visite domenicali in chiesa, sono cristiana solo a metà. Miss Jones però non mi domandò mai quanto spesso andassi a messa. Una volta indicando una bella ragazza disse: «È di Parigi, sposata con un indiano che ha conosciuto in Francia. Un anno fa è scappata dai genitori e lo ha seguito in India. Domani rimpatrierà, decisa a non tornare mai più… Ne ho visti molti di casi simili. Di solito però le ragazze non riescono più a ripartire… Solo la svedese bionda lì in fondo, quella con il sari blu… lei sembra felice; il marito indiano si è convertito al cristianesimo…». A partire dal mio quarto giorno in India riuscii a sopportare anche la calura diurna con una certa dignità. Feci visita a una famiglia del posto a cui dovevo portare i saluti di alcuni amici viennesi; mi invitarono a pranzo. «Noi mangiamo solo piatti di verdure, latte e cereali; niente carne e niente uova. Spero che vorrà comunque accettare di sedere alla nostra tavola» mi spiegò la padrona di casa.

Durante quel pasto imparai che per rimanere puro un essere umano non deve mai portare alla bocca più di una volta lo stesso oggetto; di conseguenza forchetta, coltello, cucchiaio e spazzolino da denti sono del tutto superflui. Provai anch'io a mangiare con le mani, come i miei anfitrioni, però imbrattai tutta la tavola di cibi colorati, al punto che dovettero farmi portare le posate. Ciascuno mangiava dal proprio enorme piatto di latta, sul quale erano sparsi tanti mucchietti variopinti. Non ho idea di cosa abbia ingerito; con quel bruciore in bocca sapeva tutto di niente. Prima e dopo il pasto i commensali sparirono un attimo per andarsi a rinfrescare; io rimasi inzaccherata. Al termine della visita mi mostrarono i tesori di casa: gioielli di famiglia e favolosi abiti di seta ricamati in oro.

Nell'accomiatarmi, promisi di scrivere, come già mi era successo di fare numerose altre volte.

Quel giorno piovve più a lungo del solito. Dopo cena, Mitra propose di salire in camera sua per via del cattivo tempo. Non potevo che acconsentire, perché fa brutta figura chi ha pensieri equivoci in situazioni inequivocabili. Uscimmo dal ristorante. I camerieri ci seguirono con lo sguardo. Mi vergognai da morire.

Mitra fece come fosse a casa sua e si tolse i sandali. «Sa, Miss Katharina, non ricevo quasi mai visite. Però una volta avevo un'amica che veniva a trovarmi spesso, un'americana. Era molto diversa da lei.» «Com'era?» «Molto più... riservata.» «Lei legge molto, Mr Mitra?» «Sì, soprattutto romanzi d'amore.» «Vorrei un bicchiere di acqua tonica, Mr Mitra.» Suonò; il cameriere arrivò immediatamente. Mi sentivo decisamente a disagio: Mitra era molto cambiato. Rimuginai per un po'. «Ha visto la collezione del museo, Mr Mitra?» «Certo... le Veneri... stupende, non è vero?» «Mi sono piaciuti di più i tramonti.» «Lei è una romantica, Miss Katharina, come tutte le europee. La capisco, sa...» Tra una chiacchiera e l'altra si stava avvicinando sempre di più, credendo che non mi accorgessi delle sue manovre. Io però mi facevo via via sempre più piccola. «Finora non avevo mai conosciuto una ragazza svizzera; sono molto interessato alla mentalità degli altri popoli.» «Be', Mr Mitra, in fondo non ci sono poi chissà quali differenze... Ma starà ancora piovendo?» Andai alla finestra. «Katharina, lei è una strana creatura.» A quel punto mi raggiunse. «Sediamoci, staremo più comodi» disse prendendomi la mano. Entrò il cameriere e lasciò il bicchiere di acqua tonica sul tavolo. Gli chiesi che ore fossero. «Le nove e mezza, memsahib.» «Oh, Mr Mitra, devo proprio andare, il pensionato sta per chiudere.» «No, no, Miss Katharina, non vada via proprio ora. Conosco la direttrice...» Io però ero già uscita dalla stanza seguendo a ruota il cameriere. Mitra mi corse dietro. In vita sua non gli era ancora capitato un susseguirsi di eventi così rapido; infatti uscì senza ombrello e balbettò: «Detesto la fretta, Miss Katharina! Domani ceneremo prima, così avremo più tempo». «Domani a quest'ora sarò in treno, Mr Mitra.» «Mi chiedo perché sia venuta in India, Miss Katharina.» Rabbrividivo all'idea del futuro che mi aspettava.

Il giorno dopo mandai un telegramma a Mr Raj a Calcutta e col resto dei soldi comprai un biglietto ferroviario.

Il signor Frei di Basilea aveva allestito il proprio ufficio in due stanze d'albergo a Bombay. Quando andai a trovarlo, era in compagnia di un suo socio d'affari indiano che non si peritava di ficcarsi le dita nel naso. Quell'uomo fu molto cordiale nei miei confronti ed estremamente interessato alle ragioni del mio viaggio. Il signor Frei tentava in tutti i modi di non fargli scoprire che viaggiavo da sola, ma me ne accorsi troppo tardi. «Anch'io sono sempre in giro,» commentò l'uomo «e ho bisogno di una segretaria; non vorrebbe forse lavorare per me? La pagherei bene...» Lanciai una breve occhiata al signor Frei, che se ne uscì con una frase infelice. Stavo quasi per scoppiare a ridere, ma mi limitai a un vago sorriso e dissi: «La ringrazio per la proposta, ma il mio itinerario è già stabilito da tempo». Ci invitò a fare una gita in macchina al lago di Vihar.

In un'auto nuova, ma già arrugginita, procedemmo per ore a passo d'uomo per non spaventare le scimmie che ci attraversavano la strada. Piuttosto che le bestie in India è preferibile far paura agli esseri umani, che non hanno nemmeno uno straccio per vestirsi e vivono in capanne di paglia rotonde o sotto foglie di banano. Anche questi uomini che vivono così in simbiosi con la natura hanno i loro hotel, come, ad esempio, questo raffigurato qui sotto. Quando vedo alloggi tanto abbordabili, la mia condizione economica non mi preoccupa più.

Il lago di Vihar si trova in mezzo alla giungla. Gli unici a farcisi il bagno sono i coccodrilli che, però, al mio arrivo sembravano spariti nel nulla. Pare invece che di solito ci sguazzino tutti i santi giorni. La loro assenza mi seccò parecchio, perché si fa sempre bella figura a scrivere a casa di leoni e coccodrilli e di come si sia scampati per un soffio a una morte atroce. Il nostro amico si scusò per la defezione di quei lucertoloni, e così ce ne tornammo indietro. Al momento del commiato il signor Frei mi invitò a passare altre due settimane a Bombay nella spensieratezza senza rischi garantita dalla sua tutela, prima di tornarmene in Europa. Però quella sera stessa partì il mio treno per Calcutta.

Mitra mi accompagnò alla stazione. Ben prima dell'arrivo del treno, ogni centimetro calpestabile si ricoprì di uno strato di fagotti, imballaggi, pentole ed esseri umani. C'era chi cucinava, chi mangiava e chi dormiva. Mentre ci facevamo strada in mezzo a tutto quel bailamme, Mitra continuava a parlare. Sosteneva che non dovevo essere triste, perché finalmente stavo partendo. «Le devo proprio dire che l'India non fa per lei. Non sarebbe dovuta venire in questo Paese; rischia di fare qualche brutta esperienza.» Mi venne la melanconia: da quel momento Mitra avrebbe ripreso a passeggiare tutto solo con il suo ombrello.

Si presentò in stazione anche il nostro "nuovo amico" di quel pomeriggio. Mitra non sembrò andargli poi tanto a genio, ma forse me lo sono solo immaginata, visto che dalla sua espressione non si riusciva a dedurre granché. La conversazione andò avanti a monosillabi. Quando il treno finalmente partì, mi sentii molto sollevata. Tra un'avventura e l'altra, stavo quasi per dimenticare di raccontare che mi sono pure presa una storta a un piede. La disgrazia è accaduta nella buia scala del pensionato femminile, quando due gradini si sono improvvisamente rivelati quattro.

I biglietti ferroviari indiani possono costare anche pochi spicci, a seconda della classe, ma il risparmio si paga a caro prezzo. Solo un decimo delle persone in attesa al binario saliva sui vagoni; tutti gli altri erano famigliari che rimanevano a terra per salutare. Ciononostante, il treno era strapieno. Il mio posto si trovava in una carrozza per sole donne. Gli scompartimenti, muniti di ingressi autonomi, erano separati gli uni dagli altri e avrebbero permesso ai passeggeri di godersi, di tanto in tanto, un po' di tranquillità, ma erano stracolmi. Erano spazi per circa sei persone, ma nel mio caso saremmo stati almeno in quindici. Di solito tutti sistemano i bagagli nei vagoni riservati alle donne, ritenuti più sicuri.

E con le valigie ci parcheggiano anche i bambini. Il nostro scompartimento era stipato di sacche, pacchi e bauli che lasciavano ben poco spazio agli esseri viventi, eppure in qualche modo riuscivamo a entrarci in così tanti.

Le mie compagne di viaggio sembravano stare benone. Villeggiavano allegramente circondate da schiere di bambini; cucinavano, mangiavano, lavavano, asciugavano senza mai smettere di chiacchierare. I pargoli erano perlopiù ancora troppo piccoli per parlare, e quindi strepitavano. Le donne cuocevano cibarie in pentoloni d'argilla pieni di braci e dormivano ciascuna nelle proprie lenzuola dalle quali non si separavano per nessuna ragione al mondo. Non si staccavano mai nemmeno dalle proprie stoviglie. In viaggio come a casa, per rimanere puro un essere umano ha bisogno di almeno quindici tegami. Io ero quindi una persona impura, e per di più da compatire. Non potevo guardare fuori dal finestrino perché mi ero sistemata in alto, sul portabagagli. A risentirne era soprattutto il mio piede slogato, e a volte la mia digestione. Ingurgitavo cumino, chiodi di garofano, bastoncini di liquirizia e frutta secca, tutto offerto da una delle mie vicine che mi ero ingraziata dopo aver consolato alla maniera indiana, ossia con una leggera pacca sulla schiena, il figlio in lacrime. Qualunque cibo mi bruciava la gola, e quindi ormai non badavo più a quel che mi mettevo in bocca.

A ogni stazione si levavano le cantilene confuse dei venditori che offrivano in una sinfonia di gorgheggi la loro mercanzia. Di tanto in tanto un passeggero scendeva, ma era subito sostituito da un nuovo viaggiatore. Chi si affacciava nel nostro scompartimento, prima ancora di cercarsi un posto, rimaneva imbambolato a guardare la grande bestia bianca appollaiata sul portabagagli. Nessuno spiccicava una parola di inglese, ma del resto non avevo nulla da chiedere, visto che avevo già tutto ciò di cui avevo bisogno.

Purtroppo faceva molto caldo, anche di notte…

Questo calvario, lungo duemila chilometri, durò più o meno tre giorni.

Quinto capitolo

Scesi dal treno sana e salva. Avrei voluto lasciarmi cadere tra le braccia dell'omino che mi aspettava alla stazione di Calcutta, ma in India è meglio non fare questo genere di cose.

L'omino sorrise più del solito quando mi vide arrivare zoppicante intubata nei miei pantaloni. Mi strinse la mano, senza dire né chiedere nulla. Io comunque ero felice perché erano venuti a prendermi. Una schiera di facchini scalzi ci precedette in direzione dell'auto. Ciascuno portava un pezzo del mio ingombrante bagaglio: il primo la sacca, il secondo l'ukulele, il terzo il casco tropicale, il quarto due banane e l'ultimo non portava niente e controllava che nulla andasse perso.

Viaggiammo in macchina attraverso la città per parecchio tempo, molto lentamente. Mr Raj continuava a sorridere, chissà per quale motivo. A pensarci bene, però, non l'avevo mai visto senza un sorriso stampato in faccia. Non è un adone, l'omino, e non è nemmeno particolarmente slanciato; eppure, per quanto sia basso, ha un portamento regale. Mr Raj infatti è un bramino.

«Cosa ha visto a Bombay, Katharina?» «La spiaggia.» «Nient'altro?» «No, nient'altro.» «Ma cos'ha fatto per tutta la settimana, allora? Mi toccherà scrivere a Mitra, non lo capirò mai quel tipo.» Scosse la testa e sorrise di nuovo, stavolta un po' meno. «Nel mio palazzo è già tutto pronto. Mi sono permesso di annunciare il suo arrivo ad alcuni giovani inglesi. Farò il possibile affinché questa graziosa signorina non si annoi in casa mia.»

L'auto si fermò davanti a un portone arrugginito. Un capannello di uomini si affollò intorno alla macchina. Uno aprì lo sportello, gli altri sbirciarono dentro.

Il palazzo era verdognolo, o meglio un tempo era stato giallo e ora era ricoperto di muschio. «Dobbiamo ripulire la facciata. A Calcutta gli edifici vengono ritinteggiati ogni anno dopo la stagione delle piogge» mi spiegò Mr Raj. Perché una costruzione del genere venisse chiamata palazzo, non riuscivo proprio a capirlo. Per quanto mi riguarda, quindi, da ora in poi la chiamerò semplicemente casa. Dunque, la casa era circondata da un prato sul quale era distesa una mucca.

Fui accompagnata al piano a me riservato. A mia completa disposizione avevo un balcone, un bagno e una stanza con tanto di veranda ornata di colonne; in realtà c'era anche una cucina, nella quale però non si poteva entrare. La camera era ammobiliata con una specie di letto, una cassa e un attaccapanni per appendere i miei sari. Inoltre ricevetti un calamaio e una saponetta. Appena entrata, due lucertole guizzarono sui muri, mentre sul pavimento strisciavano altre bestiole.

«Ancora questi insetti...» osservò Mr Raj «Vengono dalla casa bianca in fondo al viale: nessuno la pulisce mai.» Accennò poi ai tre ragazzetti scuri che ci stavano seguendo: «Questi sono i suoi servitori; purtroppo non parlano inglese, ma sono certo che ve la caverete. Di solito i miei ospiti occidentali s'intendono con loro molto meglio di me».

Poco dopo Mr Raj uscì per andare a sbrigare i suoi affari, perché è un uomo importante, come mi ha detto lui stesso. È un pezzo grosso all'interno del governo e tutti lo conoscono. A Calcutta c'è perfino una strada che porta il suo nome; è vero che è un po' fuori mano, verso la giungla, ma bisogna ammettere che solo una piccola percentuale dell'umanità riesce a farsi intitolare una via.

Il mio giaciglio si poteva definire una tavola a baldacchino. Sopra di me c'era un baldacchino e, sotto, una tavola. Il baldacchino era una rete antizanzare e la tavola era, appunto, un'asse di legno che non ammortizzava un bel niente. Purtroppo, sul letto giaceva anche un materasso; dico «purtroppo» per via del caldo, il più intenso che avessi mai provato. Me ne stavo sdraiata su quella tavola a baldacchino e non la smettevo di soffrire... per l'afa e per il mio povero piede. Inoltre la sera non riuscivo a prendere sonno perché pativo il calore del materasso e avrei di gran lunga preferito sdraiarmi su un'asse chiodata, senza dubbio più fresca. Persino la mia camicia da notte, per quanto leggera, mi tormentava, ma, per via dei servitori, qualcosa dovevo pur mettermi addosso. Erano molto ligi ai loro doveri e si occupavano di me giorno e notte, attendendo di esaudire i miei desideri da dietro le colonne della veranda che girava intorno alla stanza. Per così dire, vivevo in pubblico, e devo ammettere che non mi piaceva affatto, poiché, com'è vero Iddio, un essere umano ha pur sempre bisogno di esser lasciato solo di tanto in tanto.

Su quella tavola a baldacchino morivo di caldo, sdraiata sotto nugoli di zanzare. Scampai a una fine miserevole solo grazie alle ripetute fughe verso il bagno comune, dove ci si siede su uno sgabello e ci si versa dell'acqua addosso dopo averla attinta da un secchio. C'era anche un rubinetto, ma l'acqua che ne usciva era alquanto sporca. In casa invece di acqua pulita ce n'era, e i servitori avrebbero dovuto portarmela.

Ma spesso me la ritrovavo invece torbida e maleodorante ancora prima delle mie abluzioni e ne deducevo che, per semplificarsi il lavoro, avessero riempito il catino con quella del bagno comune. Lì l'acqua veniva pompata su dal guazzo di fianco all'edificio nel quale si lavavano tutti coloro che non potevano farlo in casa propria. L'acqua defluiva direttamente dal bagno comune alla pozza, scolando attraverso un buco nel pavimento, per poi incanalarsi raso alle pareti e finire dritta dritta nel guazzo. Dal pantano affioravano le teste e le schiene di bufali e mucche che si facevano un baffo di quel sudiciume e passavano a mollo intere giornate.

In fondo, non ho nulla contro le persone pigre, anzi, mi tranquillizza sapere che ce ne sono ancora molte in giro. E, in questo senso, i miei servitori erano una sicurezza. Visto che durante il giorno il personale domestico riposava, per amor di semplicità, a parte la questione dell'acqua, sbrigavo da me ogni altra incombenza. In quelle ore mi sforzavo di non fare rumore per non disturbare i tre ragazzi addormentati sulle scale. Di notte i camerieri suonavano musiche indiane con i tamburi o giocavano animate partite a carte. Verso l'alba si coricavano sul prato o sui gradini, dove non di rado invitavano a stendersi anche altri vicini.

Il più distinto dei miei servitori era Taghur: bramino, cuoco e maggiordomo in un'unica persona. Non gli toccava spesso cucinare per me, perché tanto mangiavo solo banane. Era però piuttosto indaffarato a sorvegliare gli altri due camerieri. Bhagoban doveva spazzare i pavimenti, e lo faceva accovacciandosi e manovrando delle piccole verghe. A volte lavava per terra, ovvero rovesciava dell'acqua, la distribuiva uniformemente intorno a sé e aspettava serafico che si asciugasse. Tutta quella fatica aveva reso Bhagoban un ragazzo in carne che scoppiava di salute. Bnsi, invece, era piccolo e magrolino; il suo compito era portare l'acqua, nonché prendersi la colpa di tutto ciò che andava storto. Era schivo, ma non alle mie spalle. Doveva avere dodici anni circa. I capelli gli spuntavano sulla testa irti e crespi. Gli altri due camerieri dubitavano della sua intelligenza.

«Bnsi è proprio un bravo ragazzo, non è vero, Mr Raj?» chiesi una volta. Lui sorrise stupito: «Ma se ha una pelle nerissima...».

Ci divertivamo molto noi quattro. Io imparavo il bengalese e loro il tedesco svizzero. Purtroppo non andai mai oltre le prime tre parole, ossia: acqua – *pani*, caldo – *garama*, freddo – *thanda*. Raccontavo spesso storie del mio Paese servendomi delle mani e dei piedi, travestendomi e recitando. A volte la narrazione si interrompeva quando, per il troppo ridere, non riuscivo a continuare lo spettacolo. Bnsi ballava più o meno così:

Questi usi democratici mi diedero un bel po' da fare all'inizio: quando per l'ennesima volta mi ritrovai senza acqua per lavarmi, apostrofai scherzando il maggiordomo: «Taghur, sei proprio un selvaggio!». Lui capì e non mi parlò per un giorno intero. Doveva essersela presa sul serio, d'altronde era bramino. «Che hai?» gli chiesi l'indomani. «Memsahib *say* silveggio – *I not* silveggio.» Probabilmente misi su una faccia strana, visto che Taghur scoppiò improvvisamente a ridere e smise di fare l'offeso. Così ce ne andammo a cucinare insieme. Taghur lo faceva in modo bizzarro: se ne stava seduto in mezzo a foglie di banano, sulle quali erano sparsi innumerevoli mucchietti di polveri colorate. Mescolava una spezia rossa con dei cubetti bianchi, semi gialli con gambi verdi e poi impastava, infarinava, batteva e amalgamava il tutto a mano. Non avevo idea di cosa fosse quell'intruglio, che tuttavia, dopo essere stato fritto o bollito, risultava comunque commestibile.

Mr Raj veniva chiamato «Babu» dai servitori, o in sua presenza «Babu sahib», una forma più cortese. Anch'io iniziai a usare quel nomignolo; mi sembrava che a quell'omino si adattasse meglio del suo vero nome. Babu vuol dire "maestro".

Lo vedevo di rado, perlopiù la mattina prestissimo, quando, prima di uscire, passava a salutarmi e chiedermi come stavo. Babu aveva un fratello che abitava di fronte, in un edificio ancora più verdognolo del nostro. Si chiamava Ramon. Era un po' più alto di Babu e vestiva alla foggia indiana. Tanto erano bianchi i suoi vestiti, tanto erano rossi i denti; ciancicava continuamente una pasta rossiccia avvolta in foglie di betel che sapeva di sapone. Babu e Ramon un tempo erano stati grandi latifondisti, ma il nuovo corso che aveva preso il mondo li aveva ridimensionati a piccoli proprietari terrieri. Un tempo l'edificio verdognolo di fronte a casa di Babu contava trecento stanze; oggi invece ne vengono utilizzate appena otto; le altre duecentonovantadue sono infestate di erbacce, e siccome queste a Calcutta proliferano a una velocità doppia rispetto al normale, tutto il palazzo è ormai invaso dalla vegetazione.

Ramon veniva spesso a farmi visita e mi raccontava della bellezza dei tempi andati. Non avevo motivo di dubitarne; una volta però gli chiesi se all'epoca proprio tutti fossero felici, per esempio anche quelli che non avevano avuto la fortuna di nascere maschi. Ramon incassò la testa tra le spalle, gesto che in India significa "sì". «So cosa intende dire. L'Occidente non può capire le nostre antiche usanze. Un tempo le nostre donne erano più felici di oggi; vivevano protette, al punto da non aver idea della malvagità del mondo. Venivano date in moglie fin da bambine e educate in casa dello sposo secondo le tradizioni della sua famiglia. Il concetto di amore non esisteva, o meglio, coincideva con l'affetto che lega genitori e figli. Questo tipo di matrimoni erano destinati a essere felici, dal momento che venivano decisi sulla base di leggi ancestrali e immutabili, oltre che sull'influsso delle costellazioni, dell'oroscopo e di tanti altri fattori.»

«E le vedove, Ramon?» «Le donne si sentivano colpevoli per la morte dei propri mariti e da vedove non volevano continuare a vivere. Se però non morivano, per tutto il resto della loro esistenza dovevano tenere i capelli corti, indossare solo sari di cotone bianco, smettere di portare ogni sorta di gioielli. Le vedove non potevano risposarsi, nemmeno quelle ancora bambine. Per i maschi era diverso… Oggi l'età legale minima per il matrimonio è stata fissata a quattordici anni. Ma questa legge ha un suo retroscena: da quando è stata annunciata a quando è entrata in vigore, tutte le ragazzine in circolazione vennero fatte convolare a nozze in massa da genitori inorriditi. Già… andò proprio così… E oggi tutti stanno peggio di prima…»

«Che ne sarà dell'India, Ramon?» «Le cose non cambieranno granché qui da noi. L'India è un Paese profondamente religioso. Ciascun individuo accetta quel che gli è toccato in sorte per nascita: il mendicante vuole restare mendicante, perché sa che solo la fedeltà al proprio destino gli garantirà un avanzamento sociale nella vita successiva… E così sarà in eterno.»

Ramon mi mostrò la sua casa e mi presentò alla moglie. Era bella; del viso pallido e minuto si vedevano quasi solo gli occhi. Quando la fissavo abbassava lo sguardo; forse mi scambiava per un uomo, in fondo portavo i pantaloni e i capelli corti. Come avrebbe potuto sapere chi era cosa, se non usciva mai da quella stanza buia? Quella donna non aveva più di venticinque anni, e già un figlio di dieci.

Taghur mi prestava la bicicletta. A volte la usavo per fare dei giri nei sobborghi della città, preferibilmente la sera, quando cominciava a levarsi l'immutabile suono dei campanelli di ottone e da qualche parte anche il lamento di un flauto. A quell'ora l'aria umida è rischiarata dalla luce gialla delle lampade a olio accese nelle botteghe; i mercanti sono accovacciati immobili in un angolo, come dietro a un velo di luce. Se ne stanno rannicchiati sempre allo stesso modo, il pomeriggio come la sera, oggi come un anno fa. Quando cala il buio mettono un'asse di legno davanti al negozio, a significare che è chiuso, e vanno a dormire nel retrobottega tra spezie variopinte e tegami d'argilla. I campanelli smettono di tintinnare cedendo il passo agli ululati degli sciacalli. A Behala la giungla lambisce i negozi. Palme e banani si chinano sui tetti di lamiere ondulate e carta catramata.

Una volta mi addentrai con la bicicletta di Taghur nel caos della città. Stavo quasi per investire una mucca, che mi si era stesa davanti nel bel mezzo della strada.

L'incidente mi procurò diverse occhiatacce torve. Uomini e animali vanno, stanno e si coricano dove e quando più gli piace e non c'è clacson o scampanellata che turbi la loro quiete; per avanzare sulla strada i mezzi di trasporto sono costretti a disegnare ampi giri intorno a quelle placide creature. Soltanto per i carri di buoi non esistono ostacoli; quelli perseverano lenti e dritti sul loro cammino. A volte si mettono di traverso e bloccano la via con il carico di lunghe canne di bambù che sporge dai rimorchi. Nessuno si formalizza mai troppo, nemmeno i dormienti, bruscamente ridestati dal proprio sonnellino stradale e chiamati per un attimo a sgomberare il passaggio.

A Calcutta ogni mendicante vive e si ingegna a modo suo. Ne vidi uno steso per terra che si muoveva rotolando per le strade. Di fianco a lui camminava un suo compare intento a raccogliere quello che trovava in giro. Una donna affondava il volto nella sabbia emettendo suoni gutturali. Un bambino sporco di cenere elemosinava con in mano una scatola di latta e un campanellino, a ogni rintocco balbettava qualcosa mostrando la lingua trafitta da uno spillone. Agli accattoni comuni mancano spesso le mani o i piedi, e si dice che molti di quegli storpi non siano tali fin dalla nascita.

Diedi due anna a un ragazzino nudo e mingherlino che portava in braccio una bambina febbricitante ancora più minuscola, con gli occhi incrostati di pus. Al suo collega, che aveva notato il mio gesto e mi stava tallonando, diedi una moneta sola. Si sentì parecchio svantaggiato da questo trattamento iniquo e mi rincorse questuando finché non diedi anche a lui un secondo obolo. Questi due ragazzini gravitavano sempre in quella zona e da allora divenni una loro cliente abituale. Riuscivano a scovarmi anche nella ressa più fitta, a qualsiasi distanza, e mi piombavano addosso con la mano tesa; la sorellina priva di sensi completava sempre il trio.

A Calcutta bisogna cercare in lungo e in largo per trovare qualcosa di allettante. Forse non è privo di attrattiva il parco Maidan, nel centro della città, con le scimmiette che giocano nei prati.

Il Victoria Memorial è un colosso bianco sul quale svettano diverse torrette; certo non è bello, ma perlomeno è pulito. Venne innalzato dai colonizzatori a scopo autocelebrativo ed è immerso nel verde. Per il resto, non saprei dire perché l'abbiano piazzato lì.

Nessuna delle altre costruzioni mi ha colpito particolarmente. Non ho visto nulla di antico, o nuovo; nulla di splendido, né di orribile. Magari a Calcutta si può trovare un po' di tutto, se si cerca abbastanza a lungo.

L'ufficio di Babu aveva sede in uno dei grandi palazzi del centro città. Una volta gli feci visita a lavoro. Siccome mi avevano detto che la bicicletta non sarebbe rimasta ad aspettarmi in strada, decisi di caricarmela per quattro piani di scale. Quando mi vide entrare così, bici in spalla e pantaloni, Babu rimase un po' impressionato e per un attimo dimenticò di sorridere. Poi si affrettò a mettermi a disposizione il suo segretario, l'autista e la macchina purché lasciassi quel trabiccolo. Ce ne andammo a spasso e quel che mi mostrarono di Calcutta – ad esempio il grande bacino idrico e il lungo ponte sospeso sul Gange – mi fece tutt'un'altra impressione.

Sesto capitolo

Non si sfugge mai allo sguardo della società, né in Europa, né in India. Dove cresce l'erba, infatti, cresce pure la società. E dove prospera l'erba, purtroppo prospera anche l'erbaccia. E a Calcutta l'erba prospera eccome.

Laddove poi la società fiorisce secondo le usanze inglesi, attecchiscono per forza anche i circoli per gentiluomini, club dove maschi trafficano di robe maschili e desiderano essere presi sul serio in virtù della propria origine e ricchezza, forse addirittura solo in virtù della propria persona.

A Calcutta questa istituzione si chiama Calcutta Club. Ovviamente Babu ne è socio.

Ogni mercoledì sera al Calcutta Club si tiene una «serata di tolleranza», che è come dire una serata danzante. Anche a Calcutta i balli prevedono la presenza delle signore, quindi per un giorno a settimana il club tollera l'accesso delle dame tra la sue mura. Apprezzai molto il fatto che Babu mi considerasse abbastanza "pesante" da introdurmi a questo evento del suo circolo. Le ragazze "leggere" non vi sono ammesse. Io, da parte mia, avrei preferito la leggerezza al club; da quando ero arrivata in India, infatti, ero ingrassata – evidentemente per colpa dell'umidità – tanto che, purtroppo, potevo comprovare un peso ben superiore alla norma che mi rendeva tollerabilissima. Ma del resto, che si può fare contro la generosità della Natura?

Sia come sia, quel mercoledì mi ritrovai seduta al Calcutta Club di fianco a Babu a osservare le danze anglo-indiane. Babu non ballava, perché è un uomo serio, e pure alquanto basso. Però mi intrattenne in altri modi: mi elencò tutti gli errori che avevo commesso da quando avevo posto piede sul suolo indiano.

Babu è un uomo saggio e a posteriori ha già sempre previsto tutto. Mentre mi parlava, osservavo le persone che ci circondavano; mi distraggo spesso, se mi si parla a lungo. In quel club comunque da vedere non c'era poi molto, perché tutti si comportavano quanto più possibile all'inglese. Di tanto in tanto un tavolo ridacchiava, o si sentiva il tintinnio di un bicchiere. In mezzo alle tante pecore nere c'erano alcuni pecoroni bianchi dall'aspetto bonario. «Ora mi pare che questa graziosa signorina abbia voglia di ballare, invece di stare a sentire un vecchio. Lo capisco bene» osservò Babu. «Vedrà che fra poco verrà il suo turno. Anzi sta arrivando.»

E infatti arrivò: si chiamava George ed era il motivo per cui dovevo starmene lì seduta. George aveva capelli rossicci e pelle altrettanto rossiccia, ed era leggermente ipernutrito. Ballava, sì, ma non tanto volentieri: gli costava troppa fatica. In compenso parlava un inglese assai forbito. Babu osservava la nostra conversazione e sorrideva soddisfatto delle sue arti combinatorie. Una volta mi ha detto: «Io sono un catalizzatore».

Il giorno dopo George venne a prendermi per portarmi a cena da lui; abitava in un quartiere signorile. Il pover'uomo era tormentato da tre domestici. In India o sei qualcuno con tre servitori, oppure sei un servitore. Nel primo caso in casa tua non devi fare nulla. Nel secondo devi fare soltanto una cosa: lava il pavimento solo il lavapavimenti; cucina solo il cuoco; serve a tavola solo il cameriere.

Quando aveva traslocato, George si era portato dietro diverse casse, tra cui una particolarmente pesante. Aveva quindi ordinato al suo cameriere di aiutare il facchino. Quello a tutta prima si era rifiutato e aveva ceduto solamente nel momento in cui aveva visto che lo stesso George stava per intervenire di persona. Dopodiché era sparito per tre giorni. «Dove sei stato?» gli aveva chiesto il padrone al suo ritorno. «A lavarmi nel Gange, per purificarmi del lavoro impuro.»

Forse per evitare il calore che emana sempre un ambiente confortevole, a Calcutta le case non sono mai davvero accoglienti. E l'abitazione di George non faceva eccezione. Il soggiorno: un pavimento di pietra rossa, una parete blu, tre poltrone quadrate in pelle della massima spigolosità, un tavolo nero, niente tende, ma in compenso un ventilatore, e come grande segno di stravaganza, ben due quadri e un pianoforte. George infatti suonava il piano: ogni mattina, prima di andare al lavoro, dedicava un'ora a Schumann e a Mozart.

George era amico di Surata dai tempi di Cambridge. Mi raccontò la storia di Jenny, una loro compagna di studi che il ragazzo indiano aveva sposato in Inghilterra, con grande orrore dei genitori di entrambi. Ormai Jenny vegetava a Calcutta sotto la vigilanza della suocera indiana, rigidamente conservatrice. Portava solo abiti tradizionali, parlava il bengalese e non poteva lasciare la casa nemmeno in compagnia del marito. Surata invece usciva spesso. Poteva andare in giro con la moglie solamente il venerdì sera dalle otto alle nove e mezza. I figli della ragazza inglese venivano cresciuti dalla suocera. «Jenny non si lamenta mai, ma la disperazione gliela si legge in faccia.» «George, mi può dire quali opere d'arte si possono ammirare da queste parti?» chiesi poi io. «Be'... qui non c'è granché da vedere. Qualcosa della dinastia Moghul a Delhi, e qualcos'altro nel Sud, ma son tutti monumenti che stanno cadendo a pezzi... Se vuole dell'arte asiatica ancora viva, deve andare in Giappone.» Mi accomiatai con questa frase altisonante in testa e quella notte non chiusi occhio pensando alle parole di George: «...deve andare in Giappone».

L'indomani Babu passò da me prestissimo: «E allora? Questa graziosa signorina si è divertita?». «Ah, Babu, è stato bello e ho imparato moltissime cose e... me ne andrò in Giappone.» Babu scoppiò a ridere. «Che follia... in Giappone!» Mi posò il dorso della mano sulla fronte: «È la febbre». Scosse la testa e uscì. Quella volta anch'io non la finivo di sorridere.

Il venerdì sera George organizzò una festa. Arrivarono tutti i suoi amici di Cambridge, come ad esempio Rodney, un lungagnone inglese secco secco con le orec-

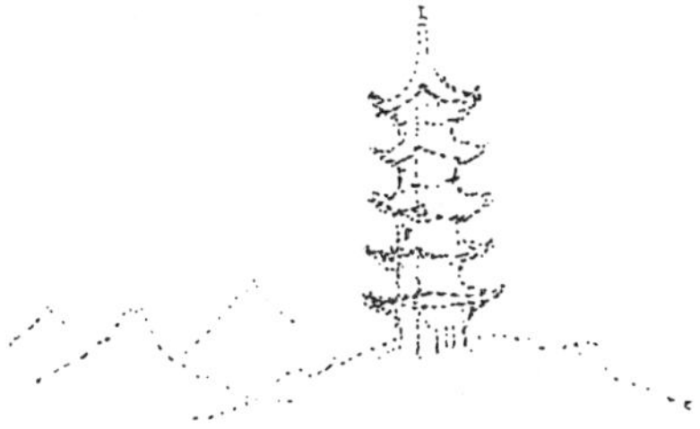

chie a sventola; lo chiamavano «Lordmayor» per via di suo padre. Poi c'era «il Ciclone», un indiano accompagnato dalla moglie inglese, Elisabeth. In un angolo sedeva un ufficiale indiano. Per ultimi si presentarono Jenny e Surata. Jenny era bella e pallida, non proprio esile, ma un po' pingue come piaceva alla suocera. La scriminatura dei capelli era tinta di rosso, segnale che è una donna sposata. Un punto scarlatto le illuminava la fronte. Carezzai la seta del suo sari blu. «Quando la seta si logora, i fili d'oro del tessuto vengono venduti» mi spiegò Jenny. Verso le nove e mezza andammo a cena da Firpo's, un ristorante enorme con tanti camerieri e tanti ventilatori. A tavola, Surata era particolarmente di buonumore, a differenza della moglie. La poveretta continuava a supplicarlo: «Dobbiamo andare a casa, per favore, dai. Facciamo contenti i tuoi genitori. Perlomeno riporta a casa me. Per favore, Surata». Quello però la sentiva con un orecchio solo, con l'altro ascoltava il gorgoglio del vino nei bicchieri. Intanto anche noi tendevamo un orecchio verso la discussione coniugale.

George provò compassione per Jenny e riuscì a fare in modo che i due si avviassero verso casa. Dopo la partenza di Surata il tavolo divenne più silenzioso e la serata non continuò ancora per molto. Si concluse con alcuni progetti per la domenica.

Arrivò quindi la gita domenicale; George venne a prendermi nel suo *weekend dress*. L'escursione iniziò già il sabato sera con il viaggio per Burnpur, trecento chilometri a nord di Calcutta. Partimmo in dieci con tre auto. Impiegammo metà del tempo solo per uscire dalla periferia della città. Per strada le nostre macchine erano talmente rispettate che finivano per intralciare il traffico. A un certo punto vidi sul ciglio della strada una donna con una gamba grossa come un tavolino. Doveva averla punta qualche brutto insetto e si era presa l'elefantiasi, mi spiegò George.

Percorremmo a lungo un viale fiancheggiato da alberi favolosi che ci sovrastavano chiudendosi sopra di noi come una tettoia; i tronchi erano fatti di tante radici che pendevano dai rami stessi ed erano cresciute fino a conficcarsi nel terreno. Di notte parevano serpenti. Per le strade si aggiravano gli sciacalli.

A Burnpur sorge un altoforno, che evidentemente dà da vivere a tutti gli abitanti della città cresciutagli attorno. Di solito c'è lavoro e non ci sono mendicanti, ma il giorno in cui arrivammo noi non lavorava nessuno e molti chiedevano l'elemosina: era in corso uno sciopero. Burnpur è al passo coi tempi. In albergo ci aspettavano già tutti: Rodney, il Ciclone con Elisabeth e il figlioletto, Arnold e altri ancora. Arnold era uno nuovo, un inglese probabilmente sulla trentina, come quasi tutti i membri della comitiva. Nonostante fosse anche fin troppo forbito, era decisamente di bella presenza, a parte per i capelli che purtroppo sulla sommità del capo gli mancavano. Al momento delle presentazioni Arnold mi dedicò un paio di sguardi.

Dall'esterno il Burnpur Hotel dava un'impressione di pulizia, dentro invece i pavimenti erano cosparsi di roba che io avrei buttato dritto dritto nella spazzatura. Il direttore dell'albergo si scusò per la sporcizia, dando la colpa allo sciopero, che oltre agli operai coinvolgeva pure i lavapavimenti. E, come si sa, qui solo i lavapavimenti lavano i pavimenti. Sempre a causa dello sciopero non era in funzione nemmeno l'altoforno, che normalmente rifornisce tutta la zona di acqua calda.

Dopo una cena a tarda ora in albergo, continuammo a mangiare. Ero seduta tra Rodney e Arnold. Ci alzammo da tavola solo quando eravamo ormai satolli. Rodney cominciò presto a sbadigliare e si ritirò. Arnold invece quella sera aveva una gran voglia di camminare, e io pensai bene di accompagnarlo. Portai la conversazione sull'arte, materia che conoscevo a sufficienza per gli standard britannici. Arnold si stancò in fretta e iniziò ad appoggiarsi a me e a rallentare il passo. Ne rimasi stupita perché di solito gli inglesi non esprimono così facilmente i propri sentimenti, né tantomeno le proprie debolezze. Lasciai che si attaccasse, ossia lo presi a braccetto. In realtà non avrei dovuto;

come avrei scoperto in seguito, la notte non era abbastanza buia.

La domenica ripartimmo attraverso la campagna. Rodney mi chiese se volevo andare in macchina con lui. Anche Arnold mi chiese la stessa cosa. Optai per Rodney.

A nord di Burnpur un gruppetto di colline si erge nel cuore della vallata. Si attraversa un tratto di giungla e si costeggia un lago artificiale che merita di essere visto. Percorremmo a lungo una strada gialla dissestata in mezzo alla vegetazione. Tutt'attorno si scorgevano solamente enormi tronchi d'albero avviluppati da liane. L'interno della boscaglia era impenetrabile; persino le cime degli alberi erano invisibili, nascoste dal fitto reticolo verde. Pare che la zona sia piena di tigri. Correvo con lo sguardo da un finestrino all'altro ma, fra tronchi e rami, di belve feroci non c'era neanche l'ombra. Non facemmo alcuna sosta, perché Rodney sentenziò: «In India non è il caso di andarsene a spasso in piena giungla».

Rimanemmo in auto anche mentre viaggiavamo lungo il lago artificiale. Soltanto una volta arrivati al punto più noioso di tutta la riva, dove sorgeva un piccolo gazebo all'inglese, scendemmo e ci mettemmo in posa per una foto. Non l'ho mai vista, ma di sicuro è identica a quella che avremmo potuto scattare in un'idilliaca domenica trascorsa nella campagna vicino Cambridge. Verso sera tornammo a Calcutta.

Certe giornate si vorrebbe non finissero mai. Per prolungare la nostra, a tarda ora andammo al caffè Kwality. Mentre banchettavamo, sentii dei suoni familiari provenire dal tavolo vicino. «Conosco quei quattro seduti lì» m'informò Arnold. «Parlano tedesco; vuole che glieli presenti?» «Oh sì, volentieri, grazie.»

Erano tutti di Vienna: il signor Stefan Kleeblatt, la consorte, la signora Julia Kleeblatt, il fratello del signor Kleeblatt e il dottor Wendel. Erano emigrati qualche anno prima dalla «Grande Germania». Prese la parola la signora Kleeblatt: «Ma pensate che roba... è partita proprio tutta sola da Vienna. E che ha detto la mamma? Mio dio! Ed è un'artista... Sentito, Stefan?». Sì, Stefan aveva sentito tutto e ne era intenerito.

L'interessamento di Julia, la commozione di Stefan e la stessa lingua tedesca mi fecero infinitamente bene. Risposi con brio e allegria alle domande della signora consorte finendo per frastornare di chiacchiere tutta la compagnia, ma mi pentii della mia parlantina solo troppo tardi, quando ormai se l'erano già sorbita in abbondanza. Raccontai anche del Giappone. «Se vuole vedere il Giappone,» disse il buon Stefan dai lunghi capelli bianchi «le posso dare un paio di indirizzi. Devo soltanto fare un po' mente locale... Rivediamoci qui venerdì alle undici.»

In quel periodo aspettavo ogni giorno qualche segno di vita dal Calcutta Club. Una volta chiesi a Babu se avesse notizie di Surata o di Mr Roy. Fece un sorriso sgradevole: «Ha ancora molto da imparare sulla gente». Ma non mancò di darmi altri aggiornamenti, tra cui l'eco della gita domenicale: «Un certo Rodney ha detto: "È proprio un bel bocconcino quella svizzera". Suo padre è Lord Mayor. Ci pensi, signorina». «Prima di parlare degli altri, quello spilungone dovrebbe pensare a mangiare un po' di più, così non strascinerebbe sempre i piedi mentre cammina» risposi. «E il figlio di operai? Anche lui mi pare che abbia avuto un mancamento durante la vostra passeggiata notturna» chiese Babu, sfoderando un sorriso ammiccante. «Ma chi le ha raccontato queste cose, Babu?» «Ne parla l'intera Calcutta. Da soli... fino a tarda notte... in giro... con il figlio di un operaio... non ci si deve far vedere!» «Ma se era buio pesto, Babu!» A quelle mie parole fece un sorriso ancora più strano.

Quella sera stessa incontrai il figlio di operai. Andammo a mangiare e poi a ballare. Mentre mi riaccompagnava a casa, mi chiese se volessi salire a bere un whisky da lui. «Grazie, Arnold, ma si è fatto tardi.» «Eh già, in effetti è troppo tardi. Ha ragione, Katharina.» Arnold è un *gentleman*.

Tramite Babu feci la conoscenza del console austriaco, che mi invitò a passare un fine settimana ospite di certi suoi amici a Hazaribag. Ci saremmo dovuti presentare armati. Hazaribag significa "mille tigri" e si trova in piena giungla, molto lontano da Calcutta.

Il venerdì rividi la famiglia Kleeblatt e il dottor Wendel, che mi comunicò una pessima notizia: «Mezz'ora fa è decollato un aereo per il Nepal che aveva un posto libero a bordo. Quel posto era per lei, ma purtroppo non sono riuscito a raggiungerla in tempo per avvertirla». Ci rimasi malissimo. Mi veniva da piangere, ma poi, ripensandoci, decisi di conservare le lacrime solo per i finali tristi.

«Comunque ci sono anche altre possibilità» riprese il dottore. «Ad esempio, per domani è prevista una corsa di cavalli e la sera il nababbo di Rampur dà un cocktail party al Grand Hotel. Posso presentarglielo, se vuole.» «Ma io domani volevo andare dalle mille tigri assieme al console e al fucile.» «Ah be', in questo caso non voglio mettere i bastoni tra le ruote al signor console, potrebbe offendersi.» Il dottore esibì i denti nel sorriso malizioso tipico di Calcutta. Sentii una vampata salirmi alle tempie. La signora Kleeblatt disse: «Non saprei davvero cosa consigliarle». E il signor Kleeblatt: «Pensi bene a ciò che fa, Katharina. A quella gara ippica ci saranno molte persone importanti e il nababbo è un grande principe». Accompagnata dal dottore e da Boris, mi recai dal console per scusarmi di non poter più prendere parte alla sua gita del weekend. Boris è un amico di Wendel. Un tempo era ballerino classico a Pietroburgo, ma a vederlo quel giorno sembrava aver cambiato mestiere da un bel po'. Aveva il viso coperto di rughe, forse per via dell'aria di quelle zone, o dell'umidità. «Ci sono anche tante altre possibilità per andare in Nepal» mi disse Boris. «Ad esempio, io sono in buoni rapporti con la corte di Katmandu.»

Rimasi a parlare da sola con il console. Era dispiaciuto, e anche io. Per un attimo tentennai e gli dissi: «Lei che è console, mi consigli cosa è meglio fare». «Vada pure a quel cocktail, se pensa che possa esserle utile. Ma stia attenta, Katharina. Lo conosce bene, quel Boris? Ha già portato diverse ragazze in Nepal...» Mi trovavo di fronte a un bivio. Da quella decisione derivò tutto quello che venne dopo. Fu giusta, fu sbagliata? Chi può dirlo?

Settimo capitolo

Alla corsa dei cavalli niente era importante, tantomeno i cavalli... Solo l'ego contava. Si teneva il mento bene alzato per poter squadrare la massa con sguardi annoiati. Si abbassava il capo impercettibilmente solo per salutare da lontano qualche conoscente. Si parlava più inglese possibile. Il dottore mi illustrò la compagnia: «La ragazza bassa con il camice e la gonna lunga è una principessa tibetana. Quello è un generale nepalese. Guardi là, nella seconda loggia da sinistra, il maharaja di Cooch Behar; un bell'uomo, no? Ah, buongiorno Ranjena...». Ranjena era una ragazza fine e minuta. Portava un sari blu e nessun monile, in compenso era truccata in maniera impeccabile. Ranjena frequentava le gare ippiche solo per vedere chi altro ci fosse; teneva la rubrica *Gente e società* per il giornale dei turisti.

Una donna ci passò accanto. Wendel si voltò a guardarla. «Stupenda, non è vero?» «Sì, certo, dottore» assentii, anche se non trovavo niente di stupendo in quel donnone preistorico dalle labbra rosse e l'incedere pesante.

La sera ci recammo al cocktail del nababbo di Rampur. Indossai il mio fido vestito bianco, che si rivelava sempre adatto a questo genere di occasioni e non lasciava intravedere più di quanto non fosse consentito. «Non ha gioielli?» mi chiese il dottore lungo il tragitto.

Quella sera vidi più gemme e preziosi di quanti ne vedrò mai in vita mia. Dalle orecchie di Sua Altezza la maharani, per esempio, pendevano perle grandi come noci. Accoglieva ogni ospite con un sorriso soddisfatto. Come prescriveva il suo ruolo, mi domandò se mi piacesse l'India…

«E come viaggia?» «Se si tratta di brevi spostamenti in bicicletta, altrimenti in autostop…» «Oh… e… è da sola?» «Sì, certo.» La maharani mi lanciò uno sguardo sorpreso; le labbra le s'inarcarono appena verso il basso e poi si rivolse all'ospite successivo, che le stavano già per presentare.

Il nababbo di Rampur, un uomo piccolo e pasciuto, piantonava l'ingresso con indosso una veste nera, che gli arrivava alle ginocchia, sovrastata da un rigido colletto. Da sotto, gli spuntavano un paio di pantaloni bianchi stretti e un po' troppo lunghi. Il dottore mi spiegò che da quelle parti era consuetudine portare i calzoni più abbondanti del dovuto. Sua Altezza, circondato dalla corte, salutava uno per uno gli ospiti, introdotti dal maestro di cerimonie. Di fronte a ogni nuovo volto esprimeva tutta la propria regale gioia.

Dopo il primo saluto di benvenuto ti davano cibo a volontà e ti allontanavano dal nababbo. Io, allora, capitai nelle mani del principe Abdul. Questi, dopo avermi osservata attentamente, disse al dottore: «Ho sentito dire che deve andare a far visita a un paziente. Vada pure, non tema, vigilerò io sulla sua accompagnatrice». Wendel scomparve per una mezz'oretta, ma anche Abdul venne richiamato subito altrove.

Allora fui passata a Sua Eccellenza, Mr Sabu, un uomo convinto di essere più giovane di quanto non fosse; mi decantò la sua collezione d'arte stimata due milioni di rupie, insistendo perché l'andassi a visitare al più presto. Di tanto in tanto, mentre lo ascoltavo, mi guardavo intorno… E fu così che feci una nuova scoperta. Lo vedevo solo da lontano, ma ho gli occhi buoni e lui svettava di molto sopra al piccolume bengalese. «… mi telefoni lunedì.» Sabu continuava a parlare, parlare e parlare. Stava raccontando con sguardo trasfigurato della Svizzera, di Lucerna, dove abita *lei*… «La conosce? Si chiama Annemarie, ha appena diciassette anni… Ci scriviamo tutte le settimane. Non capisco perché i suoi genitori siano così contrari… I miei figli sono al corrente e non ci mettono bocca… Mi chiamerà, non è vero? A lunedì!» In quel momento venne a sedersi vicino a me un ometto giovane e magro con la mogliettina al seguito. Avevo già notato che mi stava osservando da un po'. «*Sorry*, mi chiamo Chatterjee e questa è la mia signora. Ho saputo che lei è un'artista. Lo sono anch'io. Qui ho così poche occasioni di parlare con dei colleghi, le andrebbe di discutere un po' di arte?» Feci cenno di sì. «Posso invitarla a pranzo?» continuò Chatterjee. «Va bene.» Lanciai un'occhiata verso l'uscita e vidi il mio bel gigante andarsene via... assieme al donnone della gara ippica... Maledizione!

Giunse allora il momento della cena e quindi delle danze. Feci un giro di ballo con Sabu, che ancheggiava come un forsennato, del tutto incurante del ritmo. Fui costretta a adeguarmi alle sue oscillazioni. Più tardi ballai con il principe. La danza era la passione e la principale attività di Abdul: «Bisogna stringersi,» diceva «solo così si balla veramente». E in effetti a ogni battuta mi si faceva sempre un po' più addosso, finché non mi si appiccicò del tutto. Rabbrividivo. «Come balla bene... Sarebbe un peccato perdersi di vista, non trova anche lei, Miss Katharina?» Mi limitai a sorridere. Lui continuò: «Ci vediamo a cena lunedì sera da Firpo's, vero?». Un altro brivido mi attraversò la schiena, ma feci un mezzo cenno di assenso con la testa, per non complicare le cose. Mi pentii subito di quel gesto. Abdul non la smetteva di dimenarsi con i piedini costretti nelle scarpette di vernice... e anche quelle scarpette strette strette mi facevano rabbrividire. Di tanto in tanto mi lanciava un'occhiata languida con quei suoi occhi grigi. «Sono spesso a Rampur. Sua Altezza è mio zio... Ci farà l'onore di venire a trovarci a palazzo prima o poi?» Quando il dottore tornò, ormai era scoccata l'ora di spostarci al Saturday Club, dove avevamo appuntamento con Boris. Per potercene andare, Wendel dovette invitare al circolo tutta la famiglia del nababbo.

Ovviamente al Saturday Club Boris non si fece vivo. Il dottore mi sussurrò: «A Calcutta spesso si dicono le cose tanto per dirle, ma non si preoccupi, vedrà che riuscirà ad arrivare in Nepal prima di quanto creda». Al circolo si continuò con le danze. Mi lanciai in pista con Sua molto poca Altezza. Non mi spiego davvero perché costui si ostini a voler ballare, visto che non sa da dove si comincia. Per mezz'ora buona ci spingemmo – o meglio, io spingevo lui – su e giù per il parquet della sala. In faccia aveva dipinta un'espressione sgomenta per niente principesca. Terminate le danze, quando finalmente il suo terrore per la mia persona slanciata iniziò a scemare, mi chiese se nel mio viaggio fosse prevista anche una tappa a Delhi. «Abitiamo lì vicino. Potrebbe trascorrere qualche giorno da noi; che ne pensa?» Sua molto poca Altezza si rivolse alla moglie: «Ho invitato Miss Katharina a passare qualche giorno da noi a Rampur, quando sarà a Delhi; che ne dici?». «Certo, che venga pure» acconsentì la maharani.

Quando Wendel mi riaccompagnò a casa, stava già sorgendo il sole. Era seccato, perché la strada da fare non era affatto breve. «Katharina, lei si è giocata la reputazione già da un pezzo: abita in casa di indiani; si fa invitare nel palazzo di un principe locale... e però si rifiuta di passare qualche ora in compagnia d'un uomo coi capelli grigi.» Le parole del dottore furono come uno schiaffo in faccia. Ma come si fa a evitare che la gente sparli? Per una ragazza che viaggia sola, la cattiva reputazione vien da sé.

Il lunedì sera, verso le sette, vagavo per le sale di Firpo's guardandomi intorno. Nessuna traccia del principe Abdul. Meglio così, pensai, anche se in un angolino del mio cuore ero un po' delusa. In realtà, purtroppo, la faccenda del principe si sarebbe conclusa solo due mesi dopo. Rincasando, incontrai il dottore: «Katharina, oggi si è giocata anche il Giappone. Avrebbe potuto viaggiare gratis su una nave cargo. Il signor Kleeblatt ha dato cento rupie al servizio di assistenza sociale giapponese per aprirle la strada. Lei non ci sa proprio fare, col suo atteggiamento ha offeso tutti. E ormai i giochi sono fatti...» commentò il dottore, con un sorriso compassionevole. Ebbi un giramento di capo e mi appoggiai al muro del palazzo Stephen Court. Ebbene sì, mi ero messa i bastoni tra le ruote da sola.

Non mi persi d'animo e continuai ad attendere con ansia occasioni più fortunate: la partenza di Boris per il Nepal; notizie dal cognato del Ciclone che doveva andare in Kashmir in macchina; o una qualche comunicazione da parte di Surata e di Mr Roy. Starei ancora lì ad aspettare, se un evento inaspettato non avesse turbato quell'attesa.

Un giorno Chatterjee, l'ometto del party di Rampur, venne a prendermi per portarmi a pranzo. Arrivò in anticipo e Taghur, che non brillava per senso di opportunità, lo condusse direttamente in camera mia, mentre ero ancora indaffarata a prepararmi. «Oh, arrivo giusto in tempo per veder sorgere il sole.» Pranzammo al Grand Hotel. «Ho avuto l'incarico di decorare una villa di campagna. Avrebbe voglia di fare il lavoro insieme? Se fosse d'accordo, potremmo partire già oggi per studiare l'edificio; appartiene a un mercante ricco sfondato, un marwari.» (I marwari sono una casta di commercianti; sono molto ricchi, ma si dice che chi fa affari con loro diventa povero; questo però all'epoca non lo sapevo.)

«Mio caro Chatterjee,» risposi «le confesso che preferirei lasciare il prima possibile questo posto così umido, anche perché non posso gravare ulteriormente sui miei ospiti.» «Ah, Miss Katharina, questa deve essere l'ultima delle sue preoccupazioni! Me ne occuperò io. Farei qualsiasi cosa per poter lavorare alla luce dei suoi raggi.» «Chatterjee, lei si sta confondendo; l'unico sole che spande i suoi raggi è quello che brilla in cielo.» «Miss Katharina, il sole deve pur risplendere su questa Terra per chiunque lo ammiri con umiltà; di sicuro risplende per l'artista, che ne ha un gran bisogno e non può proprio farne a meno...» «Ma di quanti soli ha bisogno per lavorare, Chatterjee? A casa non ne ha già uno?» «Ah, ma perché è così crudele da riportarmi alla realtà? Mi sono ritrovato sposato così… come succede da noi… senza neanche accorgermene. L'ho vista per la prima volta il giorno delle nozze. È bella, lo devo ammettere, e mi è molto devota, ma non riesce a starmi dietro, non capisce l'anima di un artista, non si libra alle mie altezze, anche se è sempre fedele e paziente. E comunque gliel'ho detto che oggi ci saremmo visti.»

Finimmo per andare in campagna a vedere la villa. Si trattava di una costruzione unica al mondo: davanti era a punta e dietro rotonda, pareva una nave. Le finestre erano come oblò, aveva un ponte di coperta e un altro in mezzo. Nella sala da pranzo, sopra a una finestra, era appeso il quadro di un vascello nella tempesta. Il proprietario di questo strambo edificio si era stufato del vecchio arredamento, e aveva preso l'abitudine di cambiare mobilio e decorazioni ogni due anni. Ci condusse di stanza in stanza, divenendo sempre più raggiante via via che i nostri suggerimenti si facevano più faraonici. «Giù questa parete; qui vetro dappertutto, lì un affresco» proponevo io. E Chatterjee chiosava: «Le porte rovinano l'effetto di autenticità, e inoltre nelle navi i letti delle cabine sono sempre a castello e mai affiancati».

Babu non era particolarmente entusiasta dei miei progetti. «Intanto, per prima cosa, mi faccia parlare con

questo Chatterjee» insistette. Una sera dovetti quindi organizzare un incontro tra i due signori, per poi aspettare nella stanza accanto. Dopo il colloquio, Babu mi spiegò: «Il vecchio marwari non è disposto a dare nemmeno una rupia di anticipo per il suo lavoro. E sappia che da questa gente non riceverà mai nulla oltre all'anticipo… Ho detto a Chatterjee che lei partirà già nei prossimi giorni. Le regalerò io il biglietto per il Kashmir. Quando vuole muoversi?». «Be', allora facciamo la settimana prossima. Grazie, Babu.»

A un cocktail offerto dal legato egiziano apparve Arun, la mia bella scoperta del party di Rampur. Venne a sedersi proprio accanto a me. C'era anche il donnone preistorico, che osservava a distanza la nostra conversazione. Da vicino Arun era ancora meglio. Aveva un viso da monello italiano, con occhi… non saprei come descriverli… come di velluto, e tanto tristi, forse per via di quella vecchia matrona, poverino.

Arun portava babbucce a punta dorate e una lunga veste con il colletto rigido. Parlammo di argomenti molto diversi da quelli con cui di solito ci si intrattiene ai cocktail. Il donnone non lo perdeva mai d'occhio, nemmeno mentre era impegnata a conversare con altri ospiti. Poi improvvisamente si alzò e ci raggiunse. Si rivolse ad Arun in inglese: «Caro, sono stanca, andiamo a casa». A quel punto anche il giovane si alzò. «Chiedo scusa» disse. Si accomiatarono da tutti i presenti. Nella fretta il donnone dimenticò di salutare proprio me. Arun mi bisbigliò all'orecchio:

«Avrà presto mie notizie». Poi uscirono insieme. Non c'è dubbio, il donnone era la sua donna.

Il ragazzo mantenne la promessa e già il giorno successivo ricevetti sue notizie, ma solo tramite un suo amico, un certo Kulbir, che voleva conoscermi. Purtroppo Kulbir non era un Arun. Sembrava un pugile, o un contrabbandiere. Dopo il nostro primo incontro cominciò a propormi di uscire tutte le sere. La seconda volta che ci vedemmo mi regalò uno scialle di seta trapuntato di elefantini dorati. Il terzo giorno mi chiese di sposarlo.

Kulbir lavorava solo il sabato pomeriggio. Doveva contare i cavalli alle gare ippiche, o qualcosa del genere.

Era un sikh, ma si teneva al passo coi tempi e aveva accantonato barba e turbante. Non si può dire che fosse uno stupido. Di sicuro era furbo, ma non riusciva a seguire discorsi troppo astratti che andassero oltre ciò che è evidente e tangibile. Era soprattutto il tangibile a interessargli.

Quando menzionavo Arun, negli occhi gli lampeggiava un guizzo diabolico.

L'ultimo pomeriggio prima che partissi andammo a fare un picnic in campagna, con Kulbir e molti altri. Passammo proprio davanti alla strana casa del vecchio marwari che avevo visitato con Chatterjee la settimana prima. Se ne stava lì vuota e desolata come una nave fantasma.

Un giovanotto dalla pelle scura mi venne incontro e con un forte accento svizzero mi disse: «È di Zurigo, ve'? Che buffo!». Lo fissai piuttosto basita. Si presentò come Ariel, cugino di Arun, e spiegò di aver frequentato la scuola cantonale di Zurigo.

Verso sera danzammo sul ponte di mezzo della villa, sotto le ultime gocce del monsone. Ballai solo con Ariel. Kulbir non ci staccava gli occhi di dosso. All'improvviso mi prese da parte, tirandomi per un braccio, e mi sibilò in tono perentorio: «Non pensare che ti accompagni alla stazione domani».

Arrivò il giorno della mia partenza per il Kashmir. Al momento del commiato il dottor Wendel mi assicurò che mi avrebbe procurato un alloggio, nel caso fossi ripassata da Calcutta.

Come regalo d'addio, Babu mi donò un abito dell'India del Nord e un paio di babbucce ricamate.

Ad accompagnarmi alla stazione fu il segretario di Babu. Alla fine anche Kulbir venne a salutarmi. Mi comprò della frutta e una rivista per il viaggio. Il segretario raccomandò al controllore di prendersi cura di me.

Ottavo capitolo

Questa volta viaggiavo in una classe migliore, ossia la penultima. Mi ritrovai di nuovo in un vagone per sole donne, assieme a una ragazza anglo-indiana molto grassa e assai simpatica. Appena il treno partì, lei cominciò a mangiare per mantenere la linea. Insistette perché la mantenessi anch'io e così non mi feci pregare e m'ingozzai a più non posso. D'altronde mica sapevo come e quando mi sarei procurata il pasto successivo. All'imbrunire la ragazza tirò fuori le sue lenzuola e mi porse un cuscino. Poi ci stendemmo sulle panche. Prima di addormentarsi, la giovane serrò tutti i finestrini, si assicurò che la porta fosse chiusa a doppia mandata e spense la luce. Di tanto in tanto durante la notte, nelle stazioni, qualcuno veniva a bussare alla nostra porta. La ragazza diceva: «Lasciali fare, sono uomini».

Quando si fece giorno, si cambiò d'abito infilandosi una veste a fiorellini azzurri di una stoffa identica a quelle delle camicie da notte. Scese a Kanpur. Quindi rimasi a lungo sola nello scompartimento.

Osservavo la pianura attraverso le sbarre dei finestrini. Era ancora la stagione del monsone, il cielo era plumbeo e tutti i colori diluiti come in un pallido acquerello.

Solo il verde succulento delle risaie riluceva in primo piano. Oltrepassammo villaggi di fango. Le palme non si vedevano già più. Le tinte cambiavano poco a poco, da verde slavato a ocra slavato; sorgevano delle colline. Avevamo lasciato la zona tropicale.

Il segretario di Babu mi aveva proibito di scendere dal treno prima di Delhi, ma alla stazione di Ahmednagar decisi di fare due passi. Stavo per risalire, quando mi corse dietro un tizio con il berretto bianco delle Ferrovie per domandarmi se non preferissi viaggiare in seconda classe, dove si era liberato uno scompartimento. «Volentieri» risposi. Mi prese la sacca e mi portò in un vagone pulito, nel quale c'era solo una panca. Il treno si rimise in moto. Feci appena in tempo a intravedere il sogghigno ammiccante di alcuni uomini sulla banchina… Il tipo con il berretto bianco chiuse la porta dietro di sé… e mi ritrovai da sola con lui nello scompartimento, mentre il treno continuava ad andare.

Mi guardò. «Ha paura?» chiese. «No, questa volta no. Mi capita spesso di avere paura, ma non nel suo caso, ho capito subito che lei è un gentiluomo.» «Io… ehm… sì, certo che sono un gentiluomo. Sa, mi dispiaceva vederla viaggiare in quella carrozza tanto brutta… Ho pensato che le avrebbe fatto piacere chiacchierare con qualcuno… e sa, a me piace parlare con le ragazze inglesi; sono tutte così sveglie e divertenti, mi fanno sempre morire dal ridere… E mi dica, le piacciono gli uomini indiani?» «Gli uomini indiani? Sì, mi piacciono molto, finché mi lasciano in pace.» «Non la sto lasciando in pace, io? Oh, sono un brav'uomo, e un funzionario delle Ferrovie; è mio dovere occuparmi dei passeggeri.» Mi si avvicinò un pochino. «Mi sa dire a cosa servono tutti questi interruttori?» «Ma certamente.» Si alzò zelante e mi mostrò dove tirare, premere e schiacciare per fermare il convoglio, aprire il finestrino, accendere la luce, azionare lo sciacquone e far scorrere l'acqua. Poi il treno si arrestò. «Lei mi scuserà per un momento, vero?» disse. «Ho delle cose da fare qui in stazione.» Scese. Chiusi a chiave la porta. Quando il convoglio era in procinto di ripartire, l'uomo bussò. Mi affacciai al finestrino sbadigliando. «Ora schiaccio un pisolino, del resto lei dovrà occuparsi anche degli altri passeggeri.» Seguì con occhiate un po' arcigne il mio scompartimento, che prese ad avanzare lasciandolo fuori.

A Delhi mi aiutò a cambiare treno.

Passai la notte dormendo per terra in uno scompartimento femminile sovraffollato. Mi ero stesa proprio di fronte a una certa porticina, e chi voleva fare i suoi bisogni doveva scavalcarmi. Usai il mio asciugamano come cuscino. Le signore che non erano sul pavimento si appisolavano sulle panche: sedevano a gambe incrociate, con i bambini in braccio.

Ad Amritsar cambiai di nuovo treno, stavolta senza scorta. Per alcune ore viaggiai in compagnia di una famiglia di missionari americani.

A Pathankot presi un autobus e mi sedetti davanti, al posto d'onore, di fianco al conducente. Questi, un sikh che indossava ampi pantaloni a righe, mi fece capire che mi ero accomodata in un posto di prima classe. Ero l'unica ragazza in mezzo a tanti uomini con scure e rugose facce da montanari. In fondo alla corriera, nella cosiddetta terza classe, c'era anche un americano, il quale però non mi prestava alcuna attenzione, tutto assorbito com'era dalla macchina fotografica che teneva appesa al collo.

Ci fermammo in mezzo al nulla, all'altezza di una baracca di legno dove venivano controllati passaporti e visti per il Kashmir. Sostanzialmente ogni passeggero era sospettato di essere una spia.

Ripartimmo due ore dopo. Come tutto quel trabiccolo, anche il mio sedile era di lamiera e non c'era verso di mettersi in una posizione comoda. Quando le condizioni della strada peggiorarono, mi tolsi la giacca e mi ci sedetti sopra. Ogni cinque minuti l'autista mi chiedeva se stessi bene.

Dai ghiaioni scoscesi emersero all'improvviso delle torri dorate e poi una città che da lontano sembrava essa stessa un enorme ghiaione. Ci entrammo; eravamo a Jammu. Quando l'autobus si fermò, scendemmo tutti. L'autista annunciò che avremmo passato la notte lì. Fui presa dal panico, perché le mie finanze non erano preparate a questo pernottamento.

In città c'era un *dak*, un edificio pubblico dove si poteva alloggiare per due rupie a notte. Avevo soldi a sufficienza giusto per questo e per un piatto di minestra.

La sera mi concessi una passeggiata. Da tempo non faceva tanto fresco. L'aria era limpida e secca. Mi avviai verso le torri dorate, che svettavano dal tempio di una setta indù. All'ingresso del santuario un uomo mi interdì il passaggio. «Gli stranieri qui non entrano.» Mi girai, e vidi dietro di me alcuni giovanotti. Ripresi la mia camminata; poi mi voltai di nuovo e i giovanotti erano diventati trenta. Accelerai il passo, ma ormai cominciavo ad avere un codazzo parecchio rumoroso. Mi guardai alle spalle: dietro di me mugghiava una rozza massa di uomini, solo uomini, di tutte le stazze e colori, uno spettacolo agghiacciante. Mi bloccai per lo spavento. Venni accerchiata, non potevo più fare un passo. Tutti quegli uomini mi fissavano, alcuni ridevano in maniera sfacciata. Notai uno farsi largo attraverso la ressa. Mi si avvicinò: «Cosa desidera?» mi chiese. «Essere lasciata in pace.» «Mi segua allora.» Mi condusse in una baracca e diede tre giri di chiave alla porta. Fuori la massa gridava, urlava, strepitava. «Non hanno mai visto degli stranieri da queste parti?» «Sì, ma non donne che se ne vanno in giro come nei film. Lei lavora nel cinema?» Da fuori sentii un automezzo fermarsi e il frastuono della folla scemare. Fui prelevata dalla polizia e accompagnata in macchina al mio alloggio. Il capitano si scusò per «l'arretratezza della popolazione». Si sentì ancora un po' di chiasso davanti al *dak*, ma l'edificio ormai era piantonato da una guardia.

La mattina successiva, risalii sull'autobus squadrata dagli sguardi incuriositi di un buon numero di persone.

Continuavamo a salire di montagna in montagna, attraverso un paesaggio sempre più brullo, e ogni volta che pensavo: «Siamo arrivati in cima» spuntava fuori sempre un altro monte su cui inerpicarci. Dietro ogni altura ce n'era un'altra e, quando mi dicevo: «Questa è l'ultima curva», ecco che ne arrivava un'altra, e così via all'infinito. La temperatura stava calando. A volte incrociavamo greggi di capre grigie a pelo lungo, con corna dritte come cacciaviti. La giacca sulla quale mi ero seduta doveva provenire dalla lana di una di queste capre. Attraversammo villaggi che sembravano pezzi di montagna; su alcuni tetti cresceva l'erba.

A metà del tragitto facemmo una pausa. Tentai di comprare un dolce, ma il prezzo speciale per gli stranieri era troppo alto per gli spiccioli che mi ritrovavo in tasca.

L'uomo seduto dietro di me, un grassone di pianura, con ogni probabilità un marwari, mi chiese se mi piacessero i dolci e poi cominciò a offrirmi palline di zucchero, marzapane, tortine alle mandorle e focaccine al miele. «Tutto rigorosamente fatto in casa! Una delizia, non è vero?» commentò. Mangiai finché lo zucchero quasi mi usciva dagli occhi, ma lui non la smetteva di rimpinzarmi con quella manna dolcissima. Quando ormai avevo raggiunto il limite, cominciai a farmi scivolare in tasca una leccornia dopo l'altra, senza mai smettere di masticare, pur avendo la bocca vuota, e di tessere le lodi di quel ben di dio. L'uomo si rallegrava del mio appetito gagliardo e io delle mie crescenti scorte. Per domani, pensavo, visto che non sapevo ancora cosa ne sarebbe stato di me il giorno seguente. Non avevo idea di dove avrei alloggiato, se avrei cercato un pensionato cristiano o se invece avrei bussato alla prima casa che avrei incontrato chiedendo ospitalità per la notte.

Poi arrivò finalmente l'ultima curva, seguita da un tunnel, e di colpo ci ritrovammo come sospesi in aria. Giù in fondo, lontanissima, si scorgeva una vasta pianura gialla. Dietro si ergevano monti di un lilla sbiadito, e ancora oltre montagne bianche, remotissime, avvolte nella nebbia. Al centro della vallata si dipanava un'increspatura rossastra, come un coccodrillo sdraiato sul fondo. La strada era in discesa; il paesaggio che prima ci sottostava, cominciava a innalzarsi tutt'intorno. Giungemmo nella vallata, dove il coccodrillo si rivelò essere un alto massiccio. Vidi strane casupole di legno e fango, addossate su un rilievo artificiale di terra ammucchiata; forse questa valle a volte diventava un lago. Arrivammo a Srinagar che era già buio. Neanche ero scesa dall'autobus che subito venni assalita da un'orda di uomini sbraitanti con berretti di pelliccia: «Memsahib, *house boat*, *house boat*, memsahib; dodici rupie; dieci rupie; sette rupie». «Due rupie» contrattai. «*Yes*, *yes*. Mia *house boat* due rupie» iniziò a urlare uno, immediatamente seguito da tutti gli altri. Di punto in bianco l'americano con la macchina fotografica mi si accostò, mi prese la sacca e disse: «Non dia retta a questi qui, sono degli imbroglioni. Mi segua

in albergo e si tolga dalla testa la *house boat*. Andiamo! *Marsch!*».

Quella sera alle dieci fui presentata a un inglese, il direttore dell'Hotel Nedou. «Questi prezzi sono inarrivabili per una studentessa.» Mi squadrò per tre, quattro secondi. «Metà tariffa è ancora troppo per lei?» «Sì» risposi.

«Concierge, dia una stanza a memsahib: offre l'hotel.» Poi il direttore si rivolse a me: «La sala ristorante è in fondo a sinistra».

Nono capitolo

Srinagar si trova sul lago Dal, uno specchio d'acqua poco profondo da cui affiorano molte isole delle dimensioni più diverse. Alcune emergono di appena venti centimetri; praticamente delle aiuole. Molte sono completamente deserte, mentre su altre sorge un'abitazione. Dall'acqua si stagliano parecchi alberi, tanto che in barca a remi si ha l'impressione di percorrere dei veri e propri viali. In questi boulevard acquatici cielo e lago sono ugualmente invisibili. Si procede su un verde tappeto galleggiante sotto una volta di foglie verdi e dorate. Una donna immergeva la mano nella superficie verdognola per pescarvi liane che in seguito sarebbero state cotte e mangiate.

La città è percorsa da innumerevoli canali. Le gondole locali si chiamano *shikara*, sono coperte da un tetto e hanno tendine ricamate.

Dai molti stagni e fiumiciattoli spuntano case di legno e fango, vecchie da far paura. Alcune si reggono su una gamba sola, pendono da un lato o si appoggiano sull'abitazione accanto. Si dice che siano sempre state così.

A Srinagar si può vivere anche direttamente a pelo d'acqua, in piccole barchette anguste destinate alla popolazione locale, o nelle più confortevoli *house boats* per gli stranieri. Io abitavo in una *house boat*, tutta sola in mezzo al lago. Dalla mia imbarcazione vedevo solo montagne, un'antica fortezza, acqua e alberi.

La mia *house boat* era uno splendore: aveva tre stanze e tutto ciò di cui c'è bisogno, e in più anche mobili intarsiati, tende e tappeti. Il tetto era calpestabile e, volendo, ci si poteva pure prendere il sole. Ma in Kashmir preferiscono essere bianchi, piuttosto che abbronzati.

Il proprietario della *house boat* non pretese alcun anticipo. Jumma era proprio un brav'uomo. «Tratterò memsahib come una sorella minore» aveva detto quando mi ero stabilita lì.

Mangiare in barca era divertentissimo. Ali Mohammed, il figlio di Jumma, sapeva un po' di inglese. Anche se cenavo da sola, ogni sera indossavo il mio bel vestito bianco. Di solito mi servivano carne di montone, riso, verdure e per dessert composta di mele o di pere. Il Kashmir è famoso per l'abbondanza di frutta.

Facevo il bagno in un catino rotondo di stagno, immersa tra un gran numero di pesciolini morti che non erano sopravvissuti nell'acqua calda; era una piccola tragedia quotidiana. La mattina invece nuotavano vispi nel bacile per le abluzioni.

Il giorno dopo il mio arrivo ricevetti la visita di un funzionario statale incaricato di occuparsi degli stranieri che mi chiese se mi trovavo bene e se poteva fare qualcosa per me. Gli risposi che poteva aiutarmi a vendere i miei quadri. «Oh, di uomini ricchi ne conosco a bizzeffe. Potrei organizzarle una mostra. Ne faccia dieci per… diciamo la settimana prossima.»

Cominciai quindi a dipingere senza sosta. Riempii la carta di albe, tramonti, montagne, acque, boschi, rocce e ritratti.

Un giorno mi recai alla posta per spedire alcune lettere. Per strada incontrai il funzionario. «I miei dieci quadri sono pronti per la mostra.» «Ah, già… la mostra. Miss Katharina, venga stasera da me, così ne parliamo senza che nessuno ci disturbi. Lei è una donna giovane e graziosa, e io potrei fare molto per lei.» Mi lanciò un'occhiata, per così dire, appiccicosa. Non risposi nulla e mi limitai a girare i tacchi. Avevo fatto solo pochi passi in preda al panico, quando qualcuno mi rivolse la parola. Si presentò come il ricco Shafti aggiungendo che tutti lo chiamavano semplicemente «principe». Nonostante fosse ancora piuttosto giovane, sembrava appena tornato dall'aldilà. Aveva occhi verdi e viscidi, un viso spugnoso e mani scivolose come una saponetta. «Non so cosa mi sia successo…» disse «…ma potrei fare qualsiasi follia per lei. Vuole diventare la mia "amica"? Potrebbe avere tutto quello che desidera.» «Grazie, ho già un altro lavoro» replicai, e poi: «Mi sa indicare dov'è la posta?». «Oh, la prego, dia a me le lettere, ci penserò io. Posso fare altro per lei?» «Sì, potrebbe comprare un mio quadro.» «Comprerò tutti i dipinti che ha.» Per mia somma sfortuna Shafti prese davvero le mie lettere, otto in tutto, tra cui una indirizzata a Donald il biondo, a Aden; non ne è mai arrivata nessuna. Il giorno stesso Shafti scoprì dove abitavo. Arrivò «per i quadri», ma non ne acquistò neppure uno; «La banca era già chiusa» si giustificò. In compenso mi portò una giubba ricamata. Era meravigliosa e la accettai. Intuivo che non avrei dovuto, ma la presi e basta. Subito dopo Shafti mi chiese se volevo andare a cena con lui in una *house boat* appartata ormeggiata poco lontano; aveva già prenotato. «No, Shafti, anch'io qui ho già ordinato la mia cena.» «Quindi… tornerò… domani, di sicuro.» Fece per avvicinarmisi, quando si sentì un rumore di remi. «Sta arrivando qualcuno, Shafti.» «Ah… riceve visite maschili di sera; dovrà smettere… Be', comunque lei sa che tornerò… domani.» Parlottò un po' fuori con Jumma in un idioma incomprensibile, poi si fece ricondurre a riva. Quindi Jumma entrò commentando: «Shafti è uomo distino, memsahib, uomo ricco, uomo buono».

A quel punto arrivò Baleshwar, la persona che mi aveva procurato la *house boat*; con sé aveva fiori e frutta. «Disturbo, vero? Mi perdoni, ma è necessario. Conosce l'uomo che è appena stato qui da lei? Oggi pomeriggio l'ha fermata per strada, non è così? Qui tutti gli stranieri sono sorvegliati, il Paese è in stato di agitazione. Sono venuto per metterla in guardia, prima che sia troppo tardi. Non parli più con quell'uomo. Non parli con nessuno.» «Oh, Mr Baleshwar, io sono innocua, cosa mi può succedere? E sono anche molto più assennata di quanto non sembri.»

La mattina dopo venne a trovarmi una signora anziana che parlava francese. «Sono madame Collin, di Lione. Sono venuta per farle un discorso. Cara figliola, lei crede che le cose stiano come vorrebbe lei. Ma non è così. Voglio metterla in guardia: quello che Mr Baleshwar le ha detto ieri sera è vero. Lei è giovane e incosciente.» «Sì, sì, farò attenzione, madame... Gradisce un po' di frutta?»

Di nuovo rumore di remi. Madame Collin si dileguò in fretta. Arrivò Jumma, dicendo: «Arriva uomo grande, Jusuf sahib; tanto grande. Vuole vedere memsahib. Jusuf sahib tanti soldi; tanti». Entrò un signore elegante. Aveva un viso buono e intelligente. «Mi chiami pure Jusuf» esordì in un buon inglese. «Forse posso esserle utile. La mia parola ha un certo peso in questo Paese... Per il resto, non deve fidarsi di nessun altro. È pericoloso. Come si trova in Kashmir? Ha già visto i giardini moghul?» «No, Jusuf.»

Jusuf mi ci condusse su un'auto di lusso; dietro era seduto un servitore. Gli antichi giardini sono stati costruiti a terrazzamenti dai re Moghul sulle pendici del monte che sovrasta il lago Dal. Sulla terrazza più alta si erge un piccolo padiglione, dal quale sgorga una sorgente. L'acqua scorre da un livello all'altro, formando un canale da cui spuntano innumerevoli fontanelle. Per la realizzazione sono state utilizzate esclusivamente forme quadrate. Vi sorgono aiuole fiorite e alberi d'ogni genere, alcuni grandi come non ne ho visti mai: platani chiamati «chenar». All'uscita di ogni giardino, tre uomini si inchinavano al nostro passaggio e un bambino mi offriva un mazzo di fiori.

Nel quarto giardino ci aspettavano il tè e un dolce. Quando arrivammo al quinto la luna già splendeva in cielo. Jusuf prese a parlarmi di quel romantico satellite; lo fissò a lungo, poi mi guardò. «Katharina, non vorrebbe rimanere in Kashmir? Potrebbe avere qualsiasi cosa. Qui potrebbe essere felice.» «Ma io posso essere felice solo nel mio Paese, Jusuf.»

Giungemmo in una casa nel bosco. «Ho le chiavi. Entriamo.» «No, Jusuf.» «No? Va bene. L'importante è capirsi a vicenda...» «La prego, Jusuf, torniamo indietro.» Mi lanciò un'occhiata stupita, ma mi riaccompagnò verso l'auto.

Durante il tragitto non disse una parola. Tuttavia, prima che salissi sulla *shikara*, aggiunse: «Buonanotte. Io non la capisco, ma restiamo comunque amici. Mi faccia sapere quando vuole andare in montagna, sono a sua disposizione».

La mattina successiva si cominciò a sentire rumor di remi molto presto. Si presentò un giovane mercante offrendosi di mostrarmi la sua fabbrica di tappeti. Andammo in giro per la città con la sua *shikara*. Nello stabilimento dove venivano intrecciati i tappeti lavoravano bambini piccolissimi e uomini vecchissimi. Provai a fare un nodo anch'io, ma venne male e il bimbo che mi stava accanto scoppiò a ridere; era magro e pallido.

Il giovane mercante mi portò in *tonga* – una carrozza rivestita di ottone che, appena i cavalli raggiungono il trotto, si mette tutta a tintinnare – al laboratorio dove si intagliava il legno e poi in quello dove si cuciva. Vidi vecchi semiciechi ricamare con l'oro e la seta colorata. Componevano figure incredibili a mente, improvvisando, e utilizzavano colori e motivi inimmaginabili per chiunque altro in qualsiasi altro luogo, compreso Parigi.

La *tonga* mi riaccompagnò a casa per strade asciutte, attraverso la città. Nei vicoli si incontravano qua e là lenzuoli vaganti; dentro ci sono donne che hanno un po' di rispetto per se stesse. Chi non ha rispetto di sé, gira a volto scoperto. Le donne che hanno un assoluto rispetto di se stesse non si fanno proprio vedere in giro. Questo basta a spiegare l'atteggiamento degli uomini kashmiri nei miei confronti.

Quando rientrai, di fronte alla mia *house boat* era ormeggiata una *shikara*. Mi venne un colpo: dentro c'era Shafti, con un'espressione tetra sul volto. Teneva un fazzoletto pronto sulle ginocchia. «Ha l'aria molto stanca, signorina. A che ora è tornata a casa ieri? Sono già al corrente di tutto; ho i miei uomini; è bene che lei lo sappia. Tre anni fa quell'individuo era ancora un accattone. Io, invece, io sono da sempre Shafti, il ricco. E non vengo da questo Paese immondo. Sono persiano!» Continuò con voce tremante: «Lei mi ha distrutto», e si portava il fazzoletto agli occhi. Quanto sono stata stupida in quel frangente; mi sono fatta prendere dalla commozione: «Shafti, non pianga, non ne ha motivo, davvero». Lasciò cadere il fazzoletto: «Katharina, quando andremo a cena assieme?». «Shafti, prima devo dipingere i miei quadri.» Rumore di remi: entrò Baleshwar, di nuovo proprio nel bel mezzo di una scena madre… I due si ritrovarono l'uno di fronte all'altro. Smisi quasi di respirare. Si guardarono; si fecero un cenno cordiale; Shafti andò via. Baleshwar si lasciò cadere lentamente su una poltrona, poi prese una noce dal piatto, la schiacciò e si appoggiò allo schienale. «Ma lei non voleva visitare le montagne, Katharina?» «Sì, ma come?» «Ecco, le do io qualche soldo, a titolo di amicizia, ma sparisca subito, senza perdere tempo.» Però non è che si può sempre sparire subito così a comando. In ogni caso, preparai un piccolo fagotto e quel giorno stesso andai a comprare scarpe come quelle dei pastori. Il calzolaio non riusciva a farsene una ragione: continuava a propinarmi pantofoline ricamate, ma io restavo fedele alle scarpe a punta da pastore. Tramite Jumma feci sapere a Jusuf che l'indomani volevo andare in montagna.

Quella sera si ripresentò Shafti, proprio mentre un mercante mi stava sciorinando tutti i suoi monili. Shafti gli parlò, prese una collanina e mi chiese se mi piaceva. «Sì.» «Gliela regalo; è d'oro, costa cinquecentoventi rupie.» Ovviamente la collana era di ottone, ma feci finta di crederci e mi mostrai raggiante, anche se di raggi intorno a me non ce n'era neanche l'ombra. L'ambulante raccolse la propria merce e se ne andò.

A quel punto Shafti chiuse le tende. «Bene… niente paura. Del resto, hai avuto la tua collana.» L'uomo mi si avvicinò, io mi ritrassi. Poi vidi qualcosa – un lampo bianco nello spiraglio delle tende. Gridai forte: «Fermo, Shafti! C'è un uomo… un uomo vestito di bianco… davanti alla finestra, Shafti». «Oh… hai le visioni… sarà la luna…» Shafti riaprì le tende: fuori stava passando in silenzio una barca, dentro c'era un signore con un abito chiaro. Shafti richiuse completamente la tenda. Sfruttai quell'istante per correre fuori a chiamare Jumma. Gli dissi: «Jumma, deve restare qui, c'è un uomo che si aggira intorno alla casa. Rimanga qui con noi». Jumma si sedette per terra in un angolo. Shafti gli lanciava occhiate stizzite. Presi a parlare di tutto quel che mi veniva in mente, ma Shafti non ascoltava granché. Poco dopo andò via. «Domani nessuno verrà a disturbarci» disse con uno sguardo cattivo, mentre stava uscendo.

Ma il giorno dopo me ne partii per le montagne. Jusuf mi venne a prendere, un po' in ritardo, e mi accompagnò su su fino a Pahalgam. Vi giungemmo solo verso sera. «È troppo tardi per salire a cavallo» mi spiegò. «Questo è il mio bungalow, può dormire qui.» «Lei torna indietro?» «No, Katharina.» Aveva un sorriso insopportabile. «Jusuf, perché si accanisce in questo modo?» «Non mi accanirei, se non fosse che qualcun altro ha la fortuna di...» «Jusuf!» «Oh, so già tutto. Posso fidarmi dei miei uomini.» Ripensai al signore in abiti chiari della sera prima. Cercai di controllarmi per quanto possibile: «Jusuf, uno di noi due ora esce da questa stanza». Se ne andò lui, senza dire una parola. Passai la notte nel suo bungalow, che era sorvegliato da un pecoraio. Per ordine di Jumma era venuto anche Ali Mohammed, per servirmi.

All'alba tutti i bagagli furono caricati sul dorso dei cavalli e cominciammo a inerpicarci per la montagna. Dietro di noi tre mandriani guidavano le bestie con le verghe. I nostri puledri erano piccoli e capricciosi. Avanzavano sempre lungo il ciglio esterno della mulattiera. Sotto di me si spalancava l'abisso. I pony del Kashmir sono abituati a carichi ben più voluminosi di me e camminano a distanza dalla parete rocciosa per evitare di sbatterceli contro. Attraversammo una valle in direzione del confine con il Tibet. Mi ricordava la Svizzera. La piana era un po' più profonda che da noi e le vette più alte; il sentiero era più lungo, i pastori un po' più scuri e lavoravano a maglia. Alcuni avevano visi piatti con gli occhi a mandorla, come da noi non se ne sono mai visti. In effetti, il confine con i territori mongoli non era lontano.

Chiesi di fare una pausa su un prato gibboso. Ali Mohammed mi servì patate e composta; lui mangiò del riso. Dopo il pasto mi disse: «Memsahib sapere che noi sedere su cimitero? Ogni mucchietto, una tomba». A notte fonda salimmo a tentoni fino a una capanna di fango; dentro il fuoco era acceso. All'inizio vidi solo nebbia. Una donna era intenta a pulire il pavimento; sulla testa reggeva una tavola di legno, dalla quale pendeva un panno bianco. Teneva i capelli raccolti in centinaia di treccine sottili. Le feci un ritratto. Mentre disegnavo, stava seduta immobile come una statua. Il risultato fu l'unico quadro decente che io abbia mai realizzato. Oggi sta appeso a qualche parete in India. Poi la donna spense il camino, uscì, e noi ci avvolgemmo nelle nostre coperte, Ali Mohammed, i tre mandriani e io.

Quella notte dormii male sul pavimento di terra battuta. Sognai di avere l'orticaria e, quando la mattina dopo mi guardai nei frammenti di specchio che mi portavo dietro, ci vidi solo il centro del viso, cioè il naso. Il resto non entrava più nello specchio, tanto era gonfio. Le cimici! Di colpo venni assalita dal prurito e dall'agitazione. Scappai; corsi su verso un punto in cui c'erano solamente erba e pietre, oltre alla vista sul bianco tetto del mondo. Feci un dipinto mediocre di quel paesaggio, lavorandoci fino a sera.

Quando iniziò a imbrunire, scorsi giù in basso quattro formichine che risalivano il sentiero. Era il mio seguito che veniva a cercarmi. Mi portarono il cavallo e una giacca. Solo allora mi resi conto che in realtà faceva parecchio freddo. Trottai nella semioscurità assecondando il puledro, a capofitto giù per la vallata.

Di ritorno, trovammo la *house boat* chiusa. Ali remò subito verso l'isolotto vicino, dove impazzava una festa. Jumma era lì, seduto per terra con molti altri uomini e ragazzi, a fumare una lunga pipa infilata in una pentola. Ne esalava un profumo ammaliante. Una bambina magra, con i capelli lunghi e i ceppi alle caviglie, cantava e ballava. Muoveva il capo in modo sorprendente, facendo come slittare la testa da una parte all'altra del collo. Ali mi spiegò che quella bimba era un ragazzo travestito. Jumma mormorò che mi aveva cercato Shafti. Era dovuto andare a Calcutta all'improvviso e voleva portarmi con sé. Credo che lo abbiano costretto a partire.

Ad ogni modo, i successori di Shafti non si fecero attendere. Ali Hassan mi si presentò con intenzioni puramente commerciali. Vende tappeti, tessuti ricamati e oggetti in legno intagliato. «Se lei compra un quadro da me,» gli proposi «io acquisto una tovaglia da lei.» Era uno con cui si poteva ragionare. Si fece mostrare i miei quadri; più di tutti gli piacque il *Tramonto sulla fortezza*. «Quanto costa questo dipinto per pover'uomo come me?» «Per pover'uomo centoventi rupie.» «Oh, memsahib, un'ora di lavoro, centoventi rupie, troppo. Io disegno un'ora, tre rupie.»

«Ma qui ci sono i colori, Ali Hassan. Disegni pure per un'ora; se le viene un bel tramonto, le do centoventi rupie.» «Memsahib contratta molto furbo. Quadro *very good*, proprio come natura. Io, pover'uomo, pagare sessanta rupie.» «Novanta.»

Ali Hassan ci pensò per un giorno intero. In Kashmir si ha sempre bisogno di tempo per riflettere. L'indomani comprò il quadro per ottanta rupie. Era il mio primo grande affare. Dopo avermi pagato, Ali Hassan mi domandò se potevo fargli un affresco in camera da letto. «Memsahib sapere, io sono un uomo ricco, io posso pagare mille rupie, duemila rupie per dipinto su muro…» L'affare non andò mai in porto, perché non mi piace dipingere nelle camere da letto.

Un giorno sentii Jumma discutere a lungo di fuori con qualcuno. Intravidi una mancia passare da una mano all'altra. Jumma entrò e mi chiese se volevo ricevere un giovane ufficiale perbene. L'ufficiale lo seguì a ruota. Si presentò come amante delle arti, ma non parlò molto a lungo di pittura e passò presto all'arte della danza, invitandomi ad andare a ballare con lui allo Srinagar Club sabato sera. Captain Dulli era di bella presenza, come sono spesso gli uomini del Punjab, e aveva squisite maniere inglesi, come si addice agli ufficiali indiani; motivo per cui accettai di buon grado l'invito.

La serata si rivelò un po' pesante perché il giovane era indispettito dalla presenza dei miei amici e di Kumar, un suo collega, al quale avevo concesso un ballo. «Kumar è un mascalzone con le donne; se ne guardi bene» si raccomandò Dulli. Provò poi a riconciliarsi con me durante il tragitto di ritorno in *shikara*, ma in quel momento io non ero in vena di riconciliazioni. «Una veggente mi ha letto la mano e predetto che sarò infelice per colpa di una ragazza straniera. È lei quella ragazza, me lo sento; ci giurerei… Per un intero mese non mi sono dato pace finché non l'ho trovata. L'ho vista per la prima volta a Jammu, mentre la plebaglia la stava importunando.» Forse la veggente aveva ragione; o perlomeno io feci di tutto per assecondare quella profezia.

Più tardi saltò fuori che il nostro litigio aveva fatto la gioia di Kumar, il terzo uomo. La domenica mattina Captain Kumar pagò a Jumma la gabella per essere ammesso al mio cospetto. Va da sé che Kumar mi parlò di Dulli: «È un mascalzone con le donne; se ne guardi bene» si raccomandò.

Il lunedì andai a cavallo a Gulmarg con Kumar per vedere il Nanga Parbat. Quando raggiungemmo il belvedere da cui si dominava tutto il panorama, la montagna era sparita. Si vedevano solo prati, boschi e poi subito il cielo, proprio lì dove ci doveva essere il Nanga Parbat. Kumar mi spiegò che la cima si trovava tre palmi sopra la foresta, giusto sopra il rifugio. Posso quindi dire di averlo visto.

Poco dopo cominciò a piovere a dirotto. Durante la discesa il mio cavallo zoppicava. Kumar mi cedette il suo e proseguì a piedi, guidando la bestia. All'improvviso i destrieri cominciarono a imbizzarrirsi, rifiutandosi di avanzare. Era quasi sera. Kumar si fermò; fece «ssshh» e tolse la sicura alla pistola. Tutto taceva, a parte la pioggia e il fruscio che saliva da fondovalle. Era inquietante. Rimanemmo immobili per un tempo che mi parve infinitamente lungo e in realtà sarà durato circa un quarto d'ora. Quando arrivammo alle prime case, Kumar riprese a parlare: «Erano orsi» spiegò. «Scendono a valle ogni sera per abbeverarsi.»

Rientrai nella *house boat* bagnata fradicia. Jumma mi diede una strana borsa dell'acqua calda, insistendo perché me la portassi a letto. Era in realtà un cestino pieno di braci; in Kashmir si usa addormentarsi tenendolo sotto le coperte.

I mercanti – le seconde creature più assillanti del Kashmir – non potevano proprio fare a meno di molestarmi. Una volta venne a trovarmi un venditore di collane: lo convinsi a darmene una di giada in cambio di un ritratto. Quando si ripresentò il giorno dopo, c'era Kumar in visita. Il mercante pretendeva che andassi a dipingere il ritratto a casa sua. Kumar gli diede la risposta che meritava: «Filatene via che è meglio».

Kumar era appena andato via, quando ne arrivò subito un altro. Era interessato ai miei quadri. Diceva di essere un mecenate e di aver già aiutato un'altra artista, una certa Bella Fontaine. Mi offrì la sua casa nel bosco per studiare e lavorare. Non voleva comprare subito i miei dipinti... solo dopo che mi fossi trasferita nella casa nel bosco, proposta che non mi allettava affatto. «Qui sto benone, Sir; e poi ho già concluso i miei schizzi e i miei studi sul Kashmir.» «Lei lo sa, Miss, che si trova in grande pericolo? Ne ho sentite di cotte e di crude... Io però, grazie alla mia posizione, posso salvarla. Se vuole, se ne può parlare con calma stasera a cena» disse. Poi rivolgendosi a Jumma: «Prepara una cena da favola, per due». Quindi se ne andò. Quell'uomo aveva il viso butterato e occhi piccoli e pungenti, e la parte

solitamente bianca colorata di una strana tinta giallastra. Appena si dileguò dietro agli alberi acquatici, lasciai la *house boat* e andai a cercare Kumar; lo trovai al caffè.

Kumar impallidì sentendo la storia del butterato. Uscì immediatamente dal locale; mentre si allontanava, lo vidi portare la mano alla pistola. Aspettai. Dopo un'ora, Kumar tornò dicendo che era tutto a posto. Poi per il resto del giorno non mi lasciò più da sola. Mi portò in giro per i canali di Srinagar con una *shikara*; mi mostrò la casa del padre e la moschea. Voleva farmi la guardia anche di notte, ma non lo ritenni necessario; lasciò comunque la *house boat* già molto tardi. Quella notte mi svegliai una volta sola: colpi di remo, poi di nuovo il silenzio. Quello fu l'ultimo brivido del Kashmir. Il mattino successivo arrivò Kumar e mi ingiunse di fare le valigie. Mi consegnò una busta, dentro c'era un biglietto aereo per Delhi. Il mio caro Kumar…

All'ufficio dell'aeroporto trovai un numero sorprendente di persone; non mi staccavano gli occhi di dosso. Kumar mi accompagnò fino al velivolo e mi regalò un berretto militare. Io gli diedi un bracciale. Mi disse: «Salda come una roccia, Katharina; rimani sempre così».

Avevo ormai già preso posto in aereo, e Kumar se ne rimaneva ancora lì fuori, accanto all'ala, sul volto neanche mezzo sorriso…

L'atterraggio a Delhi me lo godetti dalla cabina di comando… Il pilota mi aveva presa in simpatia.

Decimo capitolo

Quando l'autobus dall'aeroporto arriva in città significa che il viaggio purtroppo è finito e bisogna scendere, anche se non se ne ha voglia. E così, pur non volendo, dovetti fermarmi a Delhi, dove non avevo niente da fare.

Delhi è un luogo orrendo. Fa caldo quando non dovrebbe, per esempio in ottobre; e soprattutto è impossibile scovare la città, dal momento che non sembra esistere. Si incontrano soltanto alberi e giardini, e qua e là qualche casupola nascosta. Se si chiede a qualcuno dove sia la città, quello ti risponde: «Qui». Non so cosa intendano lì per "città"; io mi immagino quantomeno delle vetrine. In fondo una città esiste in virtù dei suoi mercanti e questi vivono grazie alle loro vetrine. Qualcuno mi spiegò che le botteghe si trovano nell'Antica Delhi, mentre io ero giunta a Nuova Delhi. Mi recai quindi alla città vecchia. Lì però, se uno fa per sporgersi su una vetrina, finisce per cadere dentro al negozio; il motivo è che non hanno vetri.

Per riprendermi dalla visita di entrambe le città, mi riposai in una cabina telefonica di Nuova Delhi e chiamai un tizio che possedeva una miniera. Questi però era a Calcutta mentre io ero a Delhi, ed era appena partito per Delhi quando io ero arrivata a Calcutta; un pasticcio piuttosto infelice, visto che dovevo consegnargli una lettera da parte di Babu.

A quel punto telefonai a Charat Ram, titolare di una fabbrica di cotone. Era desolato di non ricordarsi di me, anche se sei mesi prima avevo accompagnato la moglie dentro e fuori innumerevoli negozi di Vienna, per uscirne sempre a mani vuote, fino a quando grazie a dio non le era venuto in mente che avrebbe potuto comprare costumi bavaresi e stiriani per i figli. Mi feci quindi passare la signora, che si rammentava solo vagamente e non troppo volentieri, ma che tuttavia disse che potevo andare a trovarla l'indomani sul presto. In alcuni casi «l'indomani sul presto» vuol dire un sacco di tempo. Uscii dalla cabina telefonica e ricominciai a girare.

Un'auto prepotente mi sfrecciò di fianco in malo modo; appena mi ebbe superato, tornò indietro in retromarcia, ripassandomi accanto. Ne scese una donna: la Shalu della nave *Asia*! La bellissima Shalu… era un miracolo! «*Hello!* Katharina, dove te ne vai con quella sacca? Perché non stai da noi? Non ti ricordi che ti avevo invitata?» «Ma molto volentieri, Shalu. Ho tutto il tempo del mondo.»

Il resto venne da sé. Mi diedero una stanza tutta per me, con un letto dalle lenzuola di lino rosate e un bagno azzurro, all'interno della casa del suocero di Shalu, un sontuoso palazzo occidentale-orientale con il portone d'ingresso che sembrava una cassaforte dorata; il suocero era infatti direttore di banca.

In quell'edificio abitava tutta la famiglia, nel senso più ampio del termine. I protagonisti della casa erano

Mohan, il figlio, e la sua Shalu. Il loro matrimonio è una combinazione classica: lui ricco, lei bella, entrambi opulentemente dediti al lusso e ai divertimenti. Una mattina Shalu mi mostrò tutti i suoi sari: ne possedeva settecentocinquantotto.

Spesso uscivamo la sera, Mohan, Shalu e io; andavamo a dei party o in sontuose sale da ballo.

Di giorno mi facevo i miei giri, talvolta in bicicletta. Cercando per un bel po' di qua e di là, alla fine anche a Nuova Delhi si riesce a trovare una specie di piazza rotonda con tanto di vetrine. È talmente grande che con lo sguardo se ne può inquadrare solo un ottavo alla volta. Su questo enorme slargo affaccia un negozio chiamato Ivory Palace dove si possono comprare oggetti straordinari. In vetrina per esempio campeggiavano in bella mostra una poltrona e un baule tutti d'avorio. Rimasi a lungo lì davanti a contemplarli, tanto che alla fine qualcuno uscì e mi chiese: «Memsahib vuole entrare?». Un inserviente dell'Ivory Palace rimase a fare la guardia alla mia bicicletta mentre io seguivo il mercante all'interno.

Costui vendeva qualsiasi cosa sia mai piaciuta al genere umano, dai neolitici ai nevrotici contemporanei. Vidi monili d'avorio lavorati così finemente da sembrare ragnatele; borse di velluto ricamate in oro e argento e un'enorme nave cesellata nell'avorio; e poi ancora certi fagioli riempiti di centocinquanta elefantini eburnei, e una cassettina intarsiata che emanava una luce rossa quando dentro vi ardeva una fiammella bianca. Il pezzo forte della bottega era un'intera stanza completamente d'avorio: sei sedie, un tavolo, un sofà, un paravento e uno scrigno. Pare che due artigiani, padre e figlio, ci abbiano lavorato per tutta la vita. Ma il vero tesoro di quel negozio era una sfera eburnea traforata, all'interno della quale se ne potevano scorgere altre otto, una dentro l'altra, ciascuna delle quali si muoveva indipendentemente; il manufatto era intagliato a mano da un'unica zanna.

«Ora devo andare» mi scusai, aggiungendo poi: «Grazie per la visita, era tutto molto bello, soprattutto la sfera». «Trenta rupie per la sfera, memsahib.» «Non posso comprare niente; prima devo vendere le mie, di merci.» «Memsahib anche vendere?» «Sì, dipingo e vendo quadri.» «Posso vedere quadri? Memsahib per favore ritornare domani. Fratello grande sarà qui. Ecco un piccolo regalo: un seme con dodici elefanti dentro. Però domani per favore tornare.» Sulla soglia della porta, continuò a bisbigliare: «Lì in fondo c'è altro Ivory Palace; memsahib guardare anche lì vetrine, fino che esce uomo; memsahib vedrà…».

Ci andai e rimasi a fissare gli articoli esposti finché uscì un signore che mi invitò ad ammirare l'interno del negozio. Entrai e vidi di nuovo la nave d'avorio, la scatolina luminosa, i fagioli e la sfera. Dissi le stesse parole che avevo pronunciato dieci minuti prima e la scena si ripeté quasi uguale: «...Ecco un regalino: elefante portafortuna e seme con venti elefantini dentro... Memsahib tornare domani, mostrare quadri, forse facciamo affare...».

Ritornai il giorno successivo con le mie opere, prima dal secondo mercante di avorio e poi dal primo. Con il secondo non conclusi nessun affare. Mi consigliò di darmi all'arte indiana; io però gli risposi che nell'arte ci si dovrebbe preoccupare della propria integrità, più che dei profitti.

Nel primo Ivory Palace mi aspettava il fratello maggiore. «Servo, porta il caffè e i dolci» ordinò appena entrai. Quell'uomo fu la prima persona a dimostrare entusiasmo per i miei dipinti. Mi comprò il *Bosco al tramonto*, per il quale mi diede un assegno da ottanta rupie e per giunta in omaggio... la sfera d'avorio.

Dopo una settimana, Nuova Delhi non mi sembrava più orribile come il primo giorno. Mi sentivo addirittura quasi a casa, ma proprio per questo era giunto il momento di pensare a ripartire, perché, non appena ti azzardi a sentirti a casa in un Paese straniero, ecco che arriva uno schiaffo in faccia e ti ritrovi di nuovo forestiera. Mi perdevo in queste riflessioni seduta sui gradini dell'arco di trionfo di Nuova Delhi. Che fare, quindi? Avevo in tasca novanta rupie, una cifra spaventosa, con cui potevo andare a Calcutta, o a Ceylon, o volare ad Agra, o dal nababbo di Rampur; oppure comprarmi quarantacinque elefanti d'avorio.

Mentre ero assorta nei miei progetti, mi si avvicinò un ragazzo e mi chiese se avessi bisogno d'aiuto. «Sì» risposi. «Mi consigli cosa fare quando si hanno troppi soldi.» Sorrise e replicò: «Non so che dirle, non mi è ancora mai capitato; forse comprerei dei libri, o mi farei un bel viaggio, come sta facendo lei». «E cosa fa quando non ha soldi?» «Penso e vivo come Diogene… Però, Miss… come si chiama? Perché mi fa tutte queste domande?» «Mi chiamo Katharina, e ho troppo denaro per pensare e troppo poco per viaggiare.» «Io sono Ravi, e di beni ne ho troppi per morire di fame. Venga, andiamo a prenderci un caffè; ho la moto.» Fece cenno a un amico di avvicinarsi e gli disse qualcosa in hindi, probabilmente che doveva tornarsene a casa a piedi, mentre io sarei andata al caffè in sella a una motocicletta guidata da un perfetto sconosciuto.

Ravi, uno studente di filosofia assai incallito, ne sapeva quasi più di me e dovevo guardarmi bene dall'addentrarmi troppo in discorsi sull'esistenzialismo o sull'arte contemporanea, pena il ritrovarmi a fare scena muta.

«È triste che gli esseri pensanti debbano lavorare» sosteneva. «Il lavoro impedisce la riflessione.» «Eh già,» ribattei «per questo io viaggio.» Ravi ebbe la sfacciataggine di rispondermi che un essere pensante, come per esempio Kant, non si sentiva particolarmente attratto dai viaggi. Almeno eravamo ritornati al tema iniziale. «Oggi pomeriggio vado ad Agra con un amico, vuoi venire?» «Volentieri Ravi; sono sempre pronta a partire.» Il ragazzo andò a fare una telefonata. Di ritorno, mi raccontò che nel frattempo l'auto con cui dovevamo viaggiare aveva forato una ruota, e quindi il nostro piano saltava. Però Ravi aveva un altro amico che a sua volta aveva un amico, il quale l'indomani sarebbe andato a Nainital, sulla strada per Rampur.

Fu così che il giorno stesso scrissi una raccomandata a Sua Altezza il nababbo di Rampur, annunciando il mio arrivo. A dire il vero, Ravi mi avvertì che per me Rampur sarebbe stata la morte civile, ma non gli credetti; o meglio, preferii non credergli.

Così per l'ennesima volta riempii la mia sacca, la chiusi con un bel nodo e promisi lettere a chiunque avessi conosciuto. Poi salii sull'auto del colonnello Singh e del maggiore Singh-Lamba.

Undicesimo capitolo

Un'infinita strada azzurra attraversava la pianura gialla e arida; qua e là qualche carro trainato da buoi con sopra un tizio addormentato; mandrie di bufali; ogni tanto donne con vesti larghe, scialli ocra e ceste in bilico sulla testa.

A metà del percorso venimmo caricati con tutta la macchina su un treno e attraversammo così il Gange, che durante la stagione delle piogge è largo venti chilometri e inonda le vie di comunicazione. Al momento del nostro passaggio, il tratto era ancora molto umido; nella penombra potevo scorgere sotto di noi sabbia, arbusti e pantani.

Era già notte quando riprendemmo a viaggiare in auto. Una volta dovemmo aspettare per un'ora che venissero risollevate le sbarre di un passaggio a livello. In India queste vengono alzate solo se arriva un'auto, e anche in questo caso deve comunque essere presente il capostazione. A un certo punto, nella luce dei fanali spuntò un animale e subito dopo sentimmo un tonfo. «È solo uno sciacallo» commentò il colonnello Singh e rise.

A notte fonda oltrepassammo un portale aperto tra due guardiole vuote e imboccammo un lungo viale fiancheggiato da un muro imponente. Ci fermammo di fronte a un palazzo bianco, come nei film. Due uomini in uniforme aprirono le portiere dell'auto e ci condussero a un posto di guardia. Dopo un po' si palesò un uomo alto e massiccio presentandosi come il maggiore Manzur, segretario di Sua Altezza. Era visibilmente assonnato, con indosso pantaloni larghi e fini, e una veste molto lunga, non del tutto abbottonata – non vale la pena di chiudere tutti i bottoni nel tragitto da un letto a un altro. Mi feci riconoscere come colei che aveva inviato la raccomandata e che ora, per l'appunto, era arrivata. Manzur non aveva sentito parlare di nessuna raccomandata e ancor meno della mia persona. Mi imbarazzai, ma Manzur ci rassicurò e chiese addirittura ai miei accompagnatori se per caso non volessero aspettare l'indomani per ripartire. No, non volevano. Venni condotta lungo interminabili corridoi, attraverso saloni e scale di marmo; avevo l'impressione di star girando in tondo. Poi di fronte a una porta il maggiore Manzur mi augurò la buonanotte e si allontanò.

La mia stanza aveva un aspetto molto inglese. Alle pareti erano appesi quadri di cavalli e vedute di Londra. Il letto era decorato da pomelli dorati. Il bagno era tutto di marmo, compresa la vasca e perfino quell'oggetto sul quale talvolta bisogna andarsi a sedere...

La mattina presto qualcuno camminava a piedi nudi in camera mia. Aprii gli occhi e vidi un lavapavimenti nero seminudo, intento a spazzar via dagli angoli le mosche morte con un ramo di palma. Poi arrivò un servitore con un turbante bianco-rosso-dorato sopra il quale portava un vassoio con la mia colazione.

Più tardi Manzur venne a chiedermi come stavo. «Sua Altezza si ricorda bene di memsahib» mi spiegò. «Sua Altezza oggi è indisposto.» Consegnato questo annuncio ufficiale, il maggiore si sbottonò il rigido colletto. In quella veste ufficiosa l'uomo risultava molto più credibile. Non appena il primo bottone era aperto, cominciava a ridacchiare e i suoi occhietti diventavano sottili come due fessure. Incline al riso, tendeva verso l'alto gli angoli delle labbra, anche quando avrebbe voluto essere serio. Venni incontro alla sua natura, raccontandogli i miei aneddoti di viaggio. Vacillava con tutta la poltrona, spanciandosi a più non posso. Da ultimo mi pregò di vestirmi di nuovo come il giorno prima, con i pantaloni neri e il berretto da cavallerizza. «Mi è piaciuto tantissimo, è talmente originale; in questa noia di posto non si vedono mai robe del genere.»

Per tornare alle cose serie... Manzur trovava molto belli i miei quadri, ma mi informò che da quelle parti gli acquirenti erano più interessati alle tele a olio che agli acquerelli. «Dovrebbe vedere la nostra galleria di corte. Se lei dipingesse così...»

Caspita! Cosa non c'era in quella galleria! (Durante la visita guidata il primo bottone del colletto di Manzur rimase chiuso.) «In questa sala si possono ammirare opere dei maestri dell'Accademia britannica. Questo quadro s'intitola *Il re dei boschi*; quello è *La forza degli elementi*. Si noti con quale naturalezza è rappresentato l'infuriare del temporale... e il rosseggiare delle Alpi... Si riesce quasi a immaginare di star lì seduti al tramonto in cima a quelle montagne. A suo tempo ciascuno di questi quadri è stato pagato decine di migliaia di rupie... Uno in particolare è celebre in tutto il mondo: *La duchessa di Braganza*; noi nemmeno lo sapevamo, finché una francese ha visto la tela e ci ha spiegato che in Europa è un'opera celebre, data per scomparsa...»

I primi giorni i pasti venivano serviti nella grande sala da pranzo. Mangiavo assieme al ciambellano francese di Sua Altezza. Manzur mi aveva chiesto se preferivo cibi orientali o occidentali. «Mangio di tutto» gli avevo risposto; così ogni giorno ingurgitavo due interi menù, uno dopo l'altro, per fare scorta, secondo il mio metodo ormai collaudato. E avrei potuto rimpinzarmi anche di più, se le pareti non mi avessero chiuso lo stomaco; in sala da pranzo, infatti, erano appesi quattro incubi sotto forma di quadri giganteschi: vergini discinte che giocano nel bosco. In origine erano stati collocati nell'atrio con la piscina, dove però le tele erano state danneggiate dall'umidità.

Il palazzo è stato costruito con il maggior sfarzo possibile. Al limitare del parco alla francese si erge un padiglione all'inglese; lo stagno è barocco di fuori, e dentro è torbido come il paesaggio che gli hanno modellato attorno.

Il secondo giorno si unì alla nostra tavola anche il signor Hotz di Kilchberg, Zurigo. Molti anni prima aveva acquistato degli hotel in India e aveva guadagnato una fortuna. Aveva la testa tonda e rubizza da cui gli spuntava qualche rado capello bianco. Finito di mangiare, da bravo svizzero, si sbottonava la giacca, agganciava i pollici alle bretelle, allungava le gambe sotto il tavolo e si appoggiava soddisfatto allo schienale della sedia. A rendere interessante il signor Hotz era la sua dimestichezza con tutte le storie e i retroscena dei pezzi grossi di Rampur. Ad esempio, conosceva la precedente identità della maharani e quale sarebbe dovuto essere il suo destino; sapeva di cosa era morto il terzultimo erede al trono, una fine ben diversa da quella che si racconta; poteva svelare ogni segreto del tesoro di corte e le orribili vicende di ciascuno degli antenati ritratti nella galleria. Il signor Hotz si intendeva perfino un po' di arte, infatti non mi comprò neppure un quadro. Commentò che perfino lui sarebbe stato capace di dipingere come me. Si fermò solo un giorno a Rampur e quando ci salutò gli era preso un brutto mal di stomaco.

Dopodiché calò il silenzio, non sul palazzo, ma su di me. I pasti mi venivano serviti in camera e, una volta che uscii per recarmi al parco, il maggiore Manzur fece cenno a un inserviente di riaccompagnarmi dentro. Erano arrivati ospiti di sesso maschile. Per cinque giorni me ne rimasi segregata in camera mia. Lì mangiavo, facevo il bagno, dipingevo e dormivo. Passai intere giornate stesa sul letto ad aspettare che accadesse qualcosa, indecisa se partire già l'indomani o attendere ancora una qualche novità. Non parlavo con nessuno; ogni quattro ore un servo muto mi portava da mangiare.

Furono giorni faticosi – di quelli che nella vita ogni tanto ritornano –, sospesi in aria come nuvole in cielo e pesanti di una terrosa nostalgia che a tratti annebbia l'esistenza. Il quinto giorno sgattaiolai fuori per affacciarmi alla porta sul retro e prendere un po' d'aria. Incappai in Banti, la principessa, anche lei intenta a svignarsela di nascosto per andare a trovare il padre; era il suo sotterfugio quotidiano. Il problema era raggiungere il genitore restando invisibile ad altri sguardi maschili. Di solito si faceva precedere da tre servitori che sgomberavano il passaggio da eventuali uomini nei paraggi. Era una corte maomettana. Il nostro comune destino di clandestine ci fece diventare buone amiche.

Banti era pallida e bella. Quando vagava per i saloni pareva un angelo. I lembi della stola le svolazzavano attorno come ali. Ci adoravamo a vicenda. Banti ammirava i miei quadri, io i suoi lavori a maglia e i suoi vestiti. Aveva appena sedici anni. Fino a un mese prima frequentava un collegio di suore americane nel Darjeeling; poi suo padre l'aveva fatta tornare a casa per comunicarle che le avevano trovato marito. Banti si sarebbe sposata a dicembre; solo allora avrebbe visto lo sposo per la prima volta. Le chiesi se fosse contenta. «Oh sì,» mi assicurò «sono contenta. Le mie sorelle sono tutte felici da quando si sono sposate.» Invidiavo Banti, che con ogni probabilità non aveva preoccupazioni di sorta; o forse anche a lei di tanto in tanto si annebbiava l'esistenza, ma non è dato saperlo. Di certo, aveva due grandi occhi tristi e sorrideva di rado.

La domenica Manzur mi portò in auto in giro per Rampur. Fu molto contrariato del fatto che volessi scendere dalla macchina per passeggiare lungo i vicoli stretti e polverosi della città, ma ne valse la pena, perché così ebbi modo di vedere la piazza del mercato, che ricordava il Mehlmarkt di Vienna. Manzur mi sguinzagliò dietro il suo servo. Rampur era un dedalo di stradine buie e mura sovrastate da torri bianche e minareti. Al centro si ergeva un vecchio bastione, antica residenza di Sua Altezza. Manzur mi mostrò la sua stazione ferroviaria riservata e il suo candido treno privato. Pare che un tempo Sua Altezza non viaggiasse mai senza quaranta cuochi al seguito. Ormai aveva ridotto le sue pretese: si accontentava della metà. Quando la maharani partiva per un viaggio, un'auto speciale con i finestrini coperti da tendine l'accompagnava fino alla porta del treno bianco in modo che la consorte del nababbo potesse infilarsi nel vagone al riparo da sguardi illeciti. A Rampur le donne dovevano portare il velo, che veniva chiamato «purdah».

In una casa di Rampur era in corso una festa, non sapevo per quale occasione; in ogni caso, Manzur mi ci portò. Di fronte all'abitazione era parcheggiato un risciò coperto con un grande telo scuro. Mentre scendevamo dall'auto, una figura nera velata sgusciò fuori da sotto quel drappo. «Oh, è già arrivata Fatma, mia moglie!» esclamò Manzur. «Ci stava aspettando.» Fatma mi condusse in un grande cortile dov'erano sedute alla spicciolata diverse donne. Con ogni evidenza ero finita in un harem. Fatma aprì la finestrella che le nascondeva il volto; era ingioiellata a festa. Anche tutte le altre donne erano agghindate di pietre preziose. Alcune portavano sulla fronte una coroncina intrecciata di oro e gemme; altre avevano un anello al naso. E oro su ogni spazio libero del volto. Quando mi sedetti, venni subito attorniata da una settantina di donne che cominciarono a fissarmi. Con lo sguardo cercavano i miei gioielli. L'impresa durò a lungo, visto che non ne avevo nemmeno uno. Una ragazzina si sciolse lo scialle che portava in testa e me lo mise indosso. Dopodiché ciascuna si tolse qualcosa e una dopo l'altra mi appesero addosso i loro ori, finché non sembrai la vetrina di una gioielleria. Dalle espressioni dei volti che mi circondavano, ebbi l'impressione di avere un aspetto superbo. Mi diedero uno specchio per ammirarmi. Mi mancava pur sempre l'anello al naso, ma ero contraria a un terzo buco oltre a quelli delle narici. Con mia somma delusione, alla fine non potei tenermi nulla di tutto quell'oro.

Quindi fui riaccompagnata all'ingresso, dove mi prese in consegna un uomo che mi scortò al portone successivo, nel settore maschile. Al mio ingresso esplose l'ilarità generale. Manzur era particolarmente contento della sua trovata. Cominciò una recita in piena regola: apparentemente faceva come se niente fosse, tirava lunghe boccate dal narghilè, concionava a voce alta e si sgranchiva con voluttà; però non la smetteva di lanciarmi occhiate per vedere se lo stessi guardando. Sedevo a terra pure io, ma su tre cuscini, e osservavo la vita all'interno di quella sorta di harem maschile. Manzur mi chiese come mi sentissi in mezzo a tutti quegli uomini. «Tanto bene che ci resterei per sempre.» Manzur tradusse: boato di risa.

Sul pavimento venne steso un grande telo bianco. Ciascuno ricevette un piatto e le pietanze fecero il loro ingresso. Gli uomini intingevano le schiacciate di pane in una salsa verdognola e rosicchiavano ossa di montone. Si mangiava tutto con le mani. Manzur se la godeva. Masticava come un leone; mangiava e mangiava senza neppure prendere fiato. Cominciò a slacciarsi il primo bottone; poi, a ogni nuova porzione di montone, ne sbottonava un altro. La salsa verdognola gli si sbrodolava addosso, il viso gli brillava. «*Very good, very good*» mi ripeteva tra un osso e l'altro. Ingurgitai uova su uova e interi caschi di banane. Le aveva ordinate Manzur appositamente per me, conoscendo le mie preferenze. «Lei non mangia mai niente!» mi rimproverò con un cosciotto di montone tra i denti, benché fossi al sesto uovo e alla decima banana. Quando infine il telo bianco assomigliava ormai a un campo di battaglia, Manzur iniziò a dare segni di stanchezza. Emettendo un sospiro profondo, lasciò cadere un osso mezzo mordicchiato, lo sguardo perso nel vuoto. Poi pencolò verso il lavatoio per sciacquarsi la faccia. Gli altri gli barcollarono dietro. Dopo questa processione, si risedettero tutti assieme a masticare chiodi di garofano, bastoncini di liquirizia e foglie di betel. Manzur si era fatto più silenzioso: stava digerendo. Poco dopo ci avviammo. Tornando a casa, mi raccontò che in quel periodo a palazzo viveva un santone.

Un giorno un servo mi portò in camera un biglietto; ci era scritto di seguirlo. Gli andai dietro, ubbidiente, e giunsi in un luminoso salone in stile impero nel quale sedeva, con un sorriso anche troppo amichevole stampato sul viso, il principe Abdul. Mi vennero i brividi, come quella volta... Il principe indossava un abito bianco di un tessuto lucido ed era rasato così a fondo che la pelle gli sfavillava. Mi porse la mano, dicendo in tono viscido: «Mi fa piacere vederla... anche se devo ammettere di essere ancora in collera; sa, l'ho aspettata per ben due ore al Saturday Club e lei non si è fatta vedere. Non mi era mai capitato prima. È stato il mio primo fallimento». «Caro principe, quella sera proprio non potevo.» Non mi pareva necessario ricordargli che in realtà lo avevo aspettato da Firpo's: Abdul sembrava intenzionato a riappacificarsi. Mi aveva fatto venire per pormi una domanda, si trattava di una questione puramente artistica: «Lei capisce, vero, in quanto artista? Gli artisti dovrebbero aiutarsi a vicenda, no? La poesia delle forme e delle linee... Io con la poesia, lei con la pittura...». Il senso spiccio di quel discorso arzigogolato mi fu chiaro fin da subito. Per i suoi versi di rose e gigli Abdul aveva dunque bisogno – come me per dipingere – di un modello; e per l'appunto, se io avessi avuto la bontà di... Se ne devono sentire di cotte e di crude, quando si sembra indifese.

«Caro principe, temo di non essere la persona adatta.» «Ma no, ne sono certo... non se ne pentirà. Posso aiutarla, vedrà.» «Non è una questione sulla quale ho bisogno di aiuto, Abdul.» «Non sarà certo lei il mio primo fallimento.» «Penso di sì, invece; si metta l'anima in pace, non sono tipo da cambiare idea facilmente, caro principe.» «Qualsiasi donna cambia, se la si tratta nel modo giusto. E io modestamente me ne intendo...» «Ora devo andare, Abdul; non mi sento molto bene.» «Lei vive contro natura, Katharina. L'aspetto stasera nella stanza n. 333; il mio servitore verrà a prenderla.» «Lei è credente, principe; si attenga pure alla natura e stia bene.» «Un tempo in questa casa ogni nostro desiderio era un ordine. Non vede come sono sottomessi tutti questi servitori?» «Sì, li vedo, li vedo benissimo. Addio, principe.»

Mi rintanai in camera mia e chiesi al buon Dio cosa dovessi fare a quel punto. Poi andai da Manzur e lo pregai di introdurmi al santone di palazzo di cui mi aveva parlato.

Ebbi l'onore di pranzare con lui.

Era un vecchio dai capelli lunghi e bianchi. Si chiamava Sua Santità Mohammed Hassan Saijad. Al suo fianco era seduto il figlio. Parlai a lungo con il santone. All'inizio mi informò tramite l'interprete che si sentiva un po' inibito nella conversazione, poiché non aveva mai parlato con una donna. Sua Santità è maomettano, ed è seguito da alcune centinaia di migliaia di anime di tutte le confessioni. Mohammed Hassan Saijad è convinto che ciascuno dei grandi profeti abbia fondato il proprio insegnamento sulla sapienza di un profeta precedente; quindi, sebbene riconosca la validità di tutte le religioni, è convinto che l'ultimo profeta, ovvero Maometto, sia quello che ha raggiunto la massima forma di conoscenza. Mohammed Hassan Saijad mi fece quindi chiedere se volessi accompagnarlo alla moschea. Fui lieta di acconsentire.

Dovevamo partire subito dopo pranzo. Andai a fare i bagagli in fretta. Sua Santità aveva a disposizione l'auto di Sua Altezza, che era presente al momento della nostra partenza e si degnò perfino di scambiare qualche parola cortese con me. Oltrepassammo fiumi, campi e villaggi. Tutti si gettavano nella polvere al passaggio della nostra auto.

Quando Mohammed Hassan Saijad scese dalla macchina davanti alla sua casa a Bareilly, una folla di uomini si accalcò per baciargli i piedi. Quando uscii io, sulle loro facce si dipinse un'espressione stupita, come se avessero appena visto volare un asino.

Superammo un muro bianco e facemmo il nostro ingresso nel cortile. Il santone si diresse verso una piccola moschea di marmo, nella quale era custodita una cassetta adorna di fiori. Quando le fu di fronte si prostrò a terra. Il figlio mi spiegò: «Sua Santità sta pregando sulla tomba di suo padre».

La moglie del sant'uomo fece portare uno scrigno di ferro che conteneva i suoi gioielli. Le brillavano gli occhi mentre mi sciorinava davanti le più preziose tra le pietre preziose. Alla fine, mi appese una collana al collo: «È un regalo» mi spiegò il figlio. Dovetti indossare uno dei suoi abiti; mi andava largo.

Quella cara donna si dava molto pensiero per me. Mi domandò tramite l'interprete dove fosse mio marito. «A casa, deve lavorare» risposi. Non volevo amareggiarla rivelandole di non essere sposata.

Il santone mi mandò a chiamare. Mi mostrò alcuni antichi dipinti persiani. Dopodiché mi fece domandare se ci fosse qualcuno al mondo che desideravo aiutare. Risposi di sì. Allora il vecchio estrasse dalla veste una letterina ripiegata e me la porse. «Sua Santità chiede se vuole aiutare anche qualcun altro.» Risposi di nuovo di sì. Mohammed Hassan Saijad mi consegnò una seconda letterina e diede istruzioni perché mi spiegassero che quelle due persone dovevano portare quelle letterine sempre con loro, così avrebbero ricevuto la protezione di cui avevano bisogno. Il figlio mi annotò il santo indirizzo.

«Se si trova in pericolo o in difficoltà, scriva o mandi un telegramma. Le forze di Sua Santità le verranno in soccorso; arrivano fino alla fine del mondo. Sua Santità ha già aiutato tante persone su tutto il globo.»

Durante l'ultimo giro di saluti, la cara donna mi regalò un altro vestito che nel frattempo aveva cucito in tutta fretta appositamente per me.

Senza che ne facessi richiesta, Sua Santità diede ordine di riportarmi a Delhi con l'auto di Sua Altezza. Mi rimisi in viaggio con una sensazione di calma e sicurezza che non mi sapevo spiegare.

Nel cuore della notte, vicino al ponte ferroviario, il buon colonnello Singh e la moglie stavano aspettando di essere caricati sul treno. Non appena li scorsi, mi precipitai da loro. «Oh, Katharina, che buffo incontrarsi di nuovo. Perché non prosegue il viaggio con noi? Rimandi pure indietro l'auto di Sua Altezza.» E così mi ritrovai a bordo della macchina del colonnello Singh ad attendere di salire sul treno. Assieme a noi c'erano altri tre veicoli. A un tratto arrivò un inglese che chiese al colonnello: «Perché non ci mettiamo in fila, ha forse qualcosa in contrario?».

Dodicesimo capitolo

Viaggiai in treno fino ad Agra e poi in carrozza sino al celeberrimo mausoleo del Taj Mahal. In realtà non lo trovai così bello come appare nelle riproduzioni, poiché nei modellini non ci sono le persone, cioè non ci sono gli uomini (in India le persone coincidono con i maschi). Vidi il Taj Mahal assieme ad altri duecentomila individui nella notte più chiara dell'anno. Sfortunatamente, dopo il monumento stesso, ero io la seconda macchia più chiara e, appena venni avvistata, tutti si dimenticarono del loro intento originario e si dedicarono alla contemplazione di questa macchiolina bianca più piccola. La folla mi si gonfiò tutt'attorno. Si accalcavano da dietro, spintonavano, urlavano, parlavano e gridavano in tutte le lingue, tranne che in tedesco svizzero. Un brivido infuocato mi salì lungo la schiena.

Di punto in bianco, quando la tensione aveva ormai raggiunto il limite, vennero a salvarmi due dozzine di poliziotti. Si aprirono un varco nella ressa e io mi ci infilai di corsa passando in mezzo alla gente, via lungo il parco e lo stagno. La folla voleva inseguirmi, ma si crearono disordini tra le loro stesse file: cozzavano l'uno contro l'altro e nessuno riusciva più a fare un passo.

Fuori, di fronte al portone d'ingresso, fui acciuffata dalla polizia ausiliaria. Nel mio caso questa forza dell'ordine era composta da tre studenti: un anglo-indiano, un sikh e un principe di Patiala. Erano tre tipi particolarmente svegli: mentre due di loro mi facevano la guardia, il terzo andò a prendere un purdah da infilarmi addosso. Purtroppo non mi arrivava proprio fino alle scarpe, ma i risvolti dei pantaloni che sbucavano da sotto vennero inghiottiti dalla notte. E così presi a vagare nell'oscurità come una brava donna musulmana con la mia scorta maschile. Non riuscivo a vedere granché attraverso la retina degli occhi, in compenso però il ragazzo anglo-indiano mi teneva per mano. Lui mi procurò dei viveri, il sikh mi diede una coperta di lana e il principe mi comprò un biglietto per Delhi.

In stazione mi tolsi il velo. Ero l'unica viaggiatrice a bordo di un vagone signorile. Non appena partimmo, venti uomini si accalcarono all'improvviso sulla porta semiaperta del mio scompartimento e ci si infilarono dentro. Non mi davano l'idea di avere il diritto di stare lì. Mi tirai subito la coperta di lana fin sopra la testa. Dopo un po', qualcuno cominciò a tirarla. Lo guardai. Mi porse l'ukulele e disse: «Canta». Con la voce più ferma che avevo in corpo intonai *Gli uccellini son già qua*... Finita la canzone, si arrestò anche il treno. Prima che quegli uomini se ne andassero, dovetti fare l'autografo su venti banconote indiane.

Per un altro tratto viaggiai in compagnia di un ufficiale che mi informò di essere in servizio nella mia stessa divisione. «Lei è di Delhi, o di Zurigo?» gli chiesi. «È *lei* che è di Delhi. Porta il cappello della mia divisione, Sedicesimo Cavalleria.» Mi ero dimenticata di avere in testa il berretto di Kumar...

A Delhi recuperai la mia sacca e mi comprai un biglietto di infima classe per tornare alla base, Calcutta, passando per Benares. Calcutta era il punto di partenza più vicino al Giappone.

Il vagone per sole donne del Calcutta Express era così zeppo che appena si apriva la porta ne rotolava fuori qualcosa, motivo per cui andai a sedermi in uno scompartimento misto, rimasto vuoto. Tuttavia in una stazione indiana le voci su chi si siede dove si spargono veloci e così non rimasi sola a lungo. Mi rintanai subito sotto la mia copertina. Sentivo dieci occhi infilzarmi perforando la lana. All'improvviso qualcuno strattonò la coperta domandandomi: «Memsahib malata?». «Sì.» «Memsahib tanto malata?» «Sì, colera.» Scesero tutti alla stazione successiva.

Più tardi un uomo venne di nuovo a sedersi nello scompartimento. Aveva voglia di attaccare bottone, ma ero ormai esasperata e lo ricoprii di occhiatacce acide. «Memsahib malata?» «Sì, mal di testa.» Tese la mano verso di me e allora sbottai: «Per favore, non oltrepassi la linea in mezzo ai sedili». «Oh, volevo solo aiutare per il mal di testa. India no mal di testa. India premere tempie; massaggio.» Mi feci passare il mal di testa senza alcun massaggio.

Scesi a Benares perché lì viveva Swami Agehananda, che prima, quando era ancora di Vienna, si chiamava Poldi Fischer. Ormai invece Poldi Fischer si chiamava Swami Agehananda ed era di Benares. Insegnava filosofia indù nel locale ateneo induista. Cercai Poldi per tutta la città: non era nella sua cella, né all'università, né tantomeno a Benares. Due studenti mi dissero che Swami era in viaggio per lavoro. Ci rimasi male; Poldi era rimasto un vero viennese: quando lo cercavi, non lo trovavi mai. «Indietro, stazione» dissi al tipo del risciò.

Dopo un po' venni raggiunta in bicicletta dai due studenti che mi chiesero se potessero essermi d'aiuto in qualche modo e se avessi voglia di visitare la città. Risposi di sì, perché mi sentivo sola e sconfortata, e il mio treno era già partito. «Però serve una bici anche per me.» «Prenda la mia, io salgo su quella del mio amico» propose uno dei due, e poi al conducente del risciò: «*Rikshawala*, quant'è?». «Otto rupie.» «Ecco qua. Prendi due rupie e accontentati. Li conosco, i tuoi prezzi.»

Benares è una città sacra. Mentre pedalavamo tra il brulichio dei fedeli per le strade sante, pensavo che la religione non ha proprio nulla a che vedere con l'igiene. Poi però giungemmo sulle acque sacre del Gange, dove, in nome della fede, ci si può purificare dai mali del mondo. L'uomo pio – ce ne sono a milioni – si reca ogni sera al bagno rituale delle sei. Un'ampia scalinata scende verso il fiume. Sui gradini siedono donne con i capelli corti, come se ne vedono da noi in certi locali bohémien. Pare siano vedove. Prima venivano arse vive, oggi le portano a Benares.

Attraversammo il mercato della seta e i due ragazzi mi comprarono un foulard ricamato. Poi andammo a mangiare in una locanda indiana. Ordinai una frittata; l'oste mi guardò basito, non aveva idea di cosa fosse. Però io ne avevo una voglia matta e così accompagnai il proprietario in cucina e me la preparai con le mie mani. A Benares, l'uomo pio non mangia uova e ovviamente nemmeno carne.

Quella notte partii in treno per Calcutta, ancora una volta in uno scompartimento femminile strapieno.

Tredicesimo capitolo

Suonarono il campanello. Rotolai in piedi, mi avvolsi nel lenzuolo stropicciato dal sonno e brancolai verso la porta. «Ah, che meraviglia rivedere il sole che sorge, dopo così tanto tempo!» «Chatterjee, cosa ti salta in mente? Non si disturba il sole mentre albeggia.» «Ma Katharina... io non disturbo il sole... sono solo un suo muto ammiratore.» Ed entrò. «Ti sei trovata un posto quasi indecentemente romantico dove stare, Katharina; di sicuro è così che si vive a Parigi.» «Purtroppo è il mio destino vivere in modo indecente, Chatterjee.» «Come sei finita in questo angoletto tanto accogliente?» «È di un medico europeo che conosco; me l'ha lasciato come alloggio di fortuna, insieme a parecchi avvertimenti funesti, peraltro. Pare infatti che oltre a me dimorino qui anche le formiche bianche, che si mangeranno ogni mio bene, e gli scarafaggi marroni, che vanno ghiotti per gli acquerelli. Controllo in continuazione i miei bagagli, per assicurarmi che i miei oggetti personali siano ancora integri, e passo la notte con una candela accesa in mano per fare la guardia ai quadri.»

Suonarono di nuovo, e io ero ancora avviluppata nel lenzuolo. «È un mio amico» disse Chatterjee andando ad aprire la porta. Ovviamente non si trattava di uno, ma di tre amici tutti in una volta. All'inizio si stupirono un po' della mia bardatura, ma giusto all'inizio... «È una casa meravigliosa,» commentò uno «ho letto che dalle vostre parti in posti del genere si organizzano feste.» «Darai un party, Katharina?» chiese Chatterjee. «Prima devo vendere i miei dipinti.» «Ah, Miss Katharina, ci dia una settimana e noialtri avremo venduto tutti i suoi quadri» assicurò uno dei tre. Di cose se ne sentono tante, ma quale sia l'intenzione dietro alle parole, lo si capisce solo con l'esperienza.

Chatterjee aveva altri progetti artistici da condividere: «La commissione precedente – la ristrutturazione della casa a forma di nave – in fin dei conti non era tanto interessante» esordì. «Conosco un uomo molto più ricco, si chiama Mr Singania...» Così una mattina andammo a trovarlo. Viveva in una villa di una modernità quasi demoniaca. La prima volta che lo vidi, portava una camicia a kimono con pietre preziose per bottoni. Per sottolineare la propria agiatezza Singania si manteneva bello in carne. Ci condusse in una stanza dalle pareti grigio scuro. Dal soffitto pendeva una nuvola di gesso. «Questo ambiente andrebbe un po' decorato» spiegò. Chatterjee cominciò a prendere le misure. «Miss, intanto noi possiamo andare nel salone.» Singania mi portò in una camera blu scuro. «Dunque, lei è svizzera; gente onesta, gli svizzeri, lo so bene. Capiamoci: io vorrei avere a che fare soprattutto con lei; non mi piace il gusto di Mr Chatterjee. Lei dove abita?» «Russel Street numero 6» risposi candidamente. «Bene, passerò da lei stasera verso le sei.»

A quel punto ci raggiunse Chatterjee; salutammo e ce ne andammo.

Chatterjee volle sapere di cosa avessi parlato con Singania; quando glielo riferii fece un sorrisetto soddisfatto. «Ora dobbiamo essere furbi,» propose «per spremere al vecchio dei bei soldoni. Stammi a sentire: non essere troppo rigida, se lui fa il carino con te. Ti darò io uno schizzo, così glielo potrai sottoporre. Capito?» «Ma Chatterjee, il progetto dobbiamo farlo insieme.» «Ma sì, non importa chi lo disegna, anch'io mica lo elaboro da solo. Qui l'elemento chiave sei tu, non lo capisci?» «Chatterjee, che ne pensi dell'affresco che il vecchio vuole sopra la facciata? Sarà un orrore...» «Quanto sei stupida... Bello o no, non fa differenza. Più possiamo imbrattargli casa, più ce ne viene in tasca.»

Pranzai dal dottor Wendel, come al solito. «Farò un lavoro per un certo Mr Singania, lo conosce?» «Singania... quello è un marwari. Stia attenta. Non tracci nemmeno una linea prima di vedere l'acconto.» «Ma dottore, lei che fa se le arriva un paziente che non la paga in anticipo?» «Gli consiglio di bere tanta acqua e di non masticare foglie di betel per qualche settimana.»

La sera venne Singania. Il progetto ancora non c'era, ma gli illustrai le nostre idee. «Per prima cosa, quella nuvola di gesso deve sparire.» «Oh, no! Non è possibile, l'ho pagata duemila rupie; è stata dipinta da un celebre pittore inglese. Non piace nemmeno a me, ma dopo aver speso tutti quei soldi...» «Ma Mr Singania, se...» L'uomo mi guardava assente, stava con la testa da un'altra parte... «Ad ogni modo... ehm... devo mostrare i progetti a mio padre; alla fine è lui che decide.»

(Singania va per la sessantina.) «Mr Singania,» mi feci coraggio «possiamo contare di ricevere la metà del compenso alla consegna dei progetti?» «Oh... ma cosa va a pensare? Non si fida di me? Io non do mai acconti. Mi rifiuto di pagare per un'opera che non è ancora stata compiuta. Però, Miss Katharina, non si può parlare solo di lavoro...» Si tolse gli occhiali e mi squadrò dalla testa ai piedi con gli occhi socchiusi. «Sir, lei non è forse qui per affari?» «Miss Katharina, lei non è molto gentile nei miei confronti. Non sono una cattiva persona e potrei fare molto per lei.» «Ma se sono gentilissima.» «Potrebbe esserlo di più.» Si guardò attorno: «Dov'è che dorme...? Sa, Miss Katha...». Suonarono. Singania trasalì.

«Chi è? Oddio! La mia reputazione! Mi nasconda! Sono un uomo d'onore, Miss... non posso farmi vedere qui.» Tremava tutto. Fuori c'era Chatterjee, che mi diede il progetto. Gli feci l'occhiolino e se ne andò. «Chi era, Miss Katharina? Sta per entrare?» «Un amico, torna tra cinque minuti.» «Me ne vado subito, di corsa. Mi chiami, quando avrà il progetto. Tornerò, Miss Katharina; però quel giorno dica a quel suo amico di non essere in casa.» «D'accordo. Arrivederci, Mr Singania.»

Colsi l'occasione per spiegare a Chatterjee che era meglio non fare affari con Singania e che preferivo provare a vendere i miei quadri. «Allora devi cambiare stile. Che vuoi che se ne faccia la gente di qui di un bosco, fosse pure dipinto da Rembrandt? Vogliono altri soggetti, qualcosa di umano, dei ritratti, una pittura accurata, realistica...»

Non mi persi d'animo e mi incaponii a tentare di vendere i miei boschi, ma non andò granché bene. Non riuscii a farmi comprare un acquerello nemmeno da Babu. Provai a rispolverare tutte le mie vecchie conoscenze. Una volta chiamai Mr Sabu, quello del party di Rampur, che però mi aveva cancellato dai suoi ricordi. La famiglia Kleeblatt dipingeva già per conto proprio. Tutti mi rimandavano a qualche altro loro amico. La signora Kleeblatt mi spedì da uno svizzero che possedeva una pasticceria a Calcutta. Non mi comprò niente, dicendo che aveva visto quadri più belli; in compenso potevo andarmi a sbafare una fetta di torta tutte le mattine nel suo laboratorio. Purtroppo dopo poco dovetti rinunciare a quell'appuntamento goloso, perché la moglie andava a dire in giro che «me la facevo con il marito».

Lo svizzero invece sosteneva che me la facessi con gli indiani, poiché una mattina aveva visto qualcuno uscire dalla mia casetta. In ogni caso, mi segnalò un'altra svizzera a cui portare le mie opere. La donna disse a me che non aveva bisogno di quadri e agli altri che «quella lì non dovrebbe andarsene in giro per il mondo, se non ha un soldo bucato. Noialtre mica viaggiamo». Alla fine, comunque, venne a trovarmi un'intera famiglia di svizzeri che comprò un dipinto come regalo di nozze per la figlia. Guadagnai cento rupie.

Un giorno andai a trovare Kulbir. «Ormai avevo perso la speranza di rivederti. Perché non mi hai scritto?» «Kulbir, io non scrivo mai, lo prometto e basta.»

«Katharina, sono stato molto malato.» Aveva ancora una viso sofferente, faceva tenerezza. «Katharina, ho bisogno di tanto amore, per guarire. Non puoi più farmi arrabbiare come quella volta. Potrei morire…» «Kulbir, le arrabbiature di solito dipendono da più di una persona; e ad ogni modo le responsabilità son sempre condivise.» Kulbir si alzò all'improvviso e fece per prendermi la mano. «Vieni con me» disse. «No! Perché?» «Lo vedrai. Forza, non posso agitarmi. Vieni!» Mi agguantò per il braccio. «Non mi toccare, Kulbir!» Aveva gli occhi lucidi. Mi stringeva forte. «Devi obbedirmi, non hai altra scelta!» «Kulbir, per favore, lasciami.» Lo guardai; respirava forte. Riuscii a divincolarmi. Corsi via attraversando tutte le porte della casa e poi fuori in strada non mi fermai finché non mi mancò il fiato. Kulbir non mi inseguì, era veramente debole e malato. Avevo lasciato lì il mio foulard di seta e mi ritrovai con un braccio chiazzato di viola. Dopo questo spavento me ne restai tranquilla in casa per un giorno.

Di lì a poco arrivò una lettera di Kulbir, seguita da lui in persona. Non gli aprii la porta; al contrario, serrai le finestre e pure le imposte. Raccontai al dottore del delirio che aveva sconvolto quell'uomo. «È stata fortunata» commentò. «Ma lo sa cosa mormora la gente sul suo conto?» «Posso immaginarmelo, dottore, ma del resto la reputazione è qualcosa che spesso sfugge al nostro controllo.» Wendel mi chiedeva tutti i giorni quando intendessi lasciare quel postaccio. «Appena avrò abbastanza soldi per cavarmela, dottore. Ho già venduto un quadro.» «Non si libererà mai delle sue opere d'arte.»

Una volta – forse per spaventarmi – il dottore mi portò a Chinatown in una fumeria d'oppio. In cambio di una mancia ci fecero entrare dopo che avevamo attraversato un dedalo di corridoi, porte e scantinati. Cinque cinesi magri e seminudi stavano sdraiati tutti contorti su alcuni tavoli, le teste posate su dei pezzi di legno. Fumavano pipe lunghe e sottili nella penombra. Potemmo dare appena un'occhiata veloce, poi ci riaccompagnarono fuori. Facemmo ancora un giro per Chinatown. Il dottore mi mostrò una vetrina piena di tenaglie e denti marci. «Questo è il laboratorio di un dentista.»

Avrei dovuto vedere anche i *ghat* in fiamme, le scalinate che degradano verso il fiume, dove vengono bruciati i cadaveri per poi disperdere le ceneri nell'acqua; ma mi bastarono i morti che incontrai in giro per la città. Li si incrociava per strada, trasportati su una barella, con le mani e i piedi dipinti di rosso.
A volte erano seguiti da suonatori di campanellini; ma perlopiù c'erano solo i quattro becchini ad accompagnarli. Non ho mai visto nessuno voltarsi a guardare una barella; l'unica ero io, e solo all'inizio. Ci si fa presto l'abitudine…

Che poi per certi versi in mezzo alla morte ci vivevo: ogni giorno in casa era una strage di scarafaggi e aleggiava una costante puzza di putrefazione. Capitava che me ne uscissi per il disgusto. Una volta che caddi di nuovo preda di questo impulso e aprii la porta per fuggire, mi piombò addosso una figura a peso morto... un cadavere... no... si muoveva, e lentamente si rimise in piedi. Si era addormentato appoggiato alla mia porta, come molti altri prima di lui. Spesso non avrei saputo dire se quelli stesi per terra in strada fossero vivi o morti; riescono a dormire così profondamente che pare che l'anima li abbia abbandonati.

Una sera venne a farmi visita Sua Santità Poldi Fischer, cioè Swami Agehananda di Benares. Quando aprii la porta mi prese un colpo, perché Poldi era così alto che all'inizio la testa non gliel'avevo mica vista. Era un asceta, e lo si capiva subito già dai vestiti: portava i sandali e una tunica gialla. Aveva i capelli completamente rasati.

Passammo tutta la notte nella mia casetta a chiacchierare. Fu una serata divertente; Poldi è un uomo con cui è facile ridere e parlare. Conosce ogni cosa, da Buddha a Platone, fino a Heidegger.

Poldi si fece pensieroso quando gli dissi che presto o tardi avrebbe dovuto rimpatriare. Lo aggiornai sull'Opera, sulla Konzerthaus, su Franzl, che ora aveva i baffi, e su Lisetta, che si era sposata e quindi aveva mollato Filosofia.

Mi raccontò di sé. Cinque anni prima aveva terminato gli studi all'università di Vienna ed era subito partito per l'India perché gli piaceva il modo di vivere e di pensare degli indiani. Qui, in men che non si dica, era diventato santo. In India per divenire santi bisogna percorrere a piedi l'intero Paese con solo una ciotola in mano, e si deve sapere molto di questo mondo, ma desiderarlo poco. Poldi era padrone di se stesso. Per alcuni mesi all'anno insegnava filosofia a Benares, nel resto del tempo predicava in giro per il Paese. Purtroppo pensava che io fossi pazza e forse aveva ragione. Diceva che avrei dovuto continuare gli studi a Benares... ma io, al contrario di quanto credeva lui, non ero matta a tal punto.

Improvvisamente si erano fatte le cinque del mattino. Invitai Poldi a sistemarsi sul divano, mentre io mi sarei coricata sul mio letto assai duro. Così fu, e quando mi svegliai l'indomani il mio amico se n'era andato.

In quella casa così inquietante non riuscivo a dormire molto... gli scarafaggi giganti, i serpenti e gli uomini con le loro follie. Più di tutto temevo il campanello. In fin dei conti ero contenta che Chatterjee venisse a trovarmi spesso, perché durante i nostri discorsi gli spiriti tendevano a restarsene in silenzio. Chatterjee si considerava sufficientemente perbene da permettersi di venirmi a trovare anche alle ore più improbabili. Con ogni verosimiglianza era lui a galvanizzare così tanto gli animi pettegoli di Calcutta.

Comunque, affari a parte, era una brava persona. Quando gli raccontavo le mie storie, aveva lo sguardo perso nel vuoto, trasognato. Quando suonavo, chiudeva gli occhi. Spesso si presentava con un nuovo amico. Uno un po' più anziano degli altri mi disse: «Potrei senz'altro comprarmi un suo quadro; ma che me ne faccio, se poi lei se ne va?». E poi c'era Asharam, sempre solerte e pronto ad aiutarmi. Mi accompagnò a mostrare i miei dipinti a un uomo che chiudeva la camicia con bottoni di brillanti. Questi ci rimandò all'indomani e quando tornammo, era partito. Asharam voleva condurmi anche da tre maharaja, però ogni volta che prendevamo un appuntamento arrivava regolarmente con almeno tre ore di ritardo. Oppure si palesava troppo presto e alla fine nasceva sempre qualche complicazione.

Un giorno, di prima mattina, venne a trovarmi Chatterjee. Ovviamente ero ancora avvolta nel lenzuolo. Con un sorriso pieno di discrezione, fece finta di non badare al mio négligé. Chiacchierammo per un po'. All'improvviso suonarono il campanello. Che vergogna: io col lenzuolo addosso e Chatterjee in casa... Chi va a pensar bene, quando è molto più facile pensar male? Nell'emergenza spinsi l'amico nella stanza a sinistra delle scale e gli bisbigliai: «Mi raccomando, sparisci appena ti è possibile». Poi andai ad aprire. Era Asharam.

Lo portai nella camera a destra delle scale, aprii al massimo il rubinetto dell'acqua e cominciai a lavare il pavimento facendo più fracasso possibile. Quando Chatterjee doveva ormai essersela svignata coperto dal baccano, condussi Asharam nella stanza di sinistra. Così intanto potevo vestirmi in quella di destra. Suonarono di nuovo. Mi affacciai nella stanza a sinistra: «Asharam, per favore, svignatela appena puoi...». Quindi andai alla porta. Era il servo del dottore. Lo portai nella camera a destra...

Una volta eravamo a ballare con Asharam. Lui si divertiva parecchio, io invece soffrivo appresso ai suoi piedi che dovevano avere una qualche malattia per muoversi a quel modo. Asharam era un cavaliere, come si definiva lui stesso, e quella sera fu particolarmente zelante nel proteggermi: «Posso avere l'onore di scortarla nei suoi appartamenti?» chiese al momento dei saluti davanti a casa mia. «Asharam, la ringrazio per avermi accompagnata fino al portone. Ora, buonanotte.» Si accomiatò con una bella frase: «Sono profondamente devoto ai comandi della signora». Asharam amava parlare forbito.

Il giorno dopo mi regalò una gemma violetta, che fu mia solo per un giorno. L'indomani venne a riprendersela per incastonarla su un anello... che purtroppo non ebbi mai modo di vedere.

Dal dottor Wendel passava spesso un certo signor Schleier, che parlava tedesco. Aveva un'aria così scaltra che gli chiesi se sapesse come si fa ad andare gratis in Giappone. «Mmmhh... andare gratis in Giappone?» rifletteva. «Non è proprio semplicissimo, però è possibile, con le giuste conoscenze. Mi informerò e le farò sapere.» Il signor Schleier sembra furbo da far paura e così, dopo questa chiacchierata, mi misi l'anima in pace sulla questione nipponica e attesi sue notizie.

Un giorno ricevetti una lettera di Baleshwar: «Spero sia arrivata sana e salva a Calcutta... Anch'io sono tornato al lavoro... Le va di venirmi a trovare a Chaibasa? Non deve temere nulla; penso che oramai lei mi conosca».

Sapevo in effetti di non avere nulla da temere, se me lo assicurava Baleshwar. Il dottor Wendel invece non lo sapeva. «Lei corre incontro alla sua rovina. È una trappola per ragazzine.»

Ma di Baleshwar mi fidavo, non era un rozzo sciupafemmine. E fargli visita era anche una scusa per cambiare aria: a Calcutta in quel periodo le cose non mi stavano andando particolarmente bene.

Quattordicesimo capitolo

Viaggiavo in una classe decente, ma non ne ero del tutto soddisfatta per colpa di un uomo in divisa che rivendicava il diritto di stare in quello scompartimento; sosteneva che non fosse per sole donne. L'altra signora seduta lì gli diede a intendere a gran voce che con lui non avevamo niente da "scompartire". A metà nottata finalmente scese, una stazione prima della mia.

Per il resto della notte dormii nella sala d'attesa riservata alle donne, fino a quando non venne a scuotermi la guardiana, indicandomi il treno pronto lì fuori.

Proseguii decisamente controvoglia per altre due fermate. Sarei potuta andare anche a piedi. Quando si fece giorno, stavamo attraversando un paesaggio collinoso. Arrivata a Chaibasa, non sapevo che fare; nessuno era venuto a prendermi e nessuno s'immaginava perché fossi finita da quelle parti. Chiesi all'unico uomo che portava una camicia col colletto all'occidentale se conoscesse Baleshwar. «*Yes, yes, big boss* Baleshwar sahib.» «E dove abita?». Fece cenno a un minitaxi di avvicinarsi e con

quel trabiccolo andammo su e giù per la montagna attraverso un villaggio incredibilmente pulito fino a raggiungere l'ultima casa dell'abitato, già in aperta campagna.

Attraversai un giardino in cui i fiori erano ordinati in aiuole dalle precise forme geometriche, come si addiceva alla villa di un dignitario locale. La casa era aperta, ma deserta. Eppure avevo mandato un telegramma... «Oddio, e se venissi venduta?» pensai mentre varcavo la soglia. Era un edificio molto bello, di pietra rossa grezza all'esterno, e bianco con tende verde chiaro all'interno. Le prime vere tende dopo Genova. Mi ritrovai in una stanza con cassettoni di bambù, cuscini a fiori, tappeti persiani, pelli di leopardo e un'enorme radio, il mobile in assoluto più grande lì dentro; niente abat-jour, ma lampade al neon. Nelle foto alle pareti si scorgevano Baleshwar di tutte le età. Non c'era nulla che potesse incutere timore, tantomeno l'uomo che stava entrando nella stanza. Non era stupito di vedermi; forse era ormai troppo anziano per sorprendersi di qualunque cosa.

Dissi che ero venuta a trovare Baleshwar sahib. «In viaggio; arriva oggi, forse; forse domani. Memsahib aspettare.» Il vecchietto mi mostrò il bagno e poi mi condusse in una camera con un letto a baldacchino dalle lenzuola rosate. Tutto in quella casa aveva un aspetto tranquillizzante, come se l'avesse arredata una donna.

Per qualsiasi necessità, potevo chiamare Mustaf, mi fece sapere l'uomo. Poi se ne andò e io mi stesi sul letto.

Mi svegliai verso sera e mi affacciai alla finestra. Lì fuori il vecchio Mustaf sedeva sui talloni e affondava ritmicamente la fronte nel prato; dovevano essere le sei, e l'uomo era evidentemente un musulmano. Poco dopo recapitarono un telegramma. Era il mio...

Verso le sette sentii arrivare un'auto: era Baleshwar. Parlottò con Mustaf ed entrò in camera mia raggiante: «Non ha paura a starsene in casa di uno sconosciuto?». «Per niente. Qui sono e qui rimango. Lo sa che non mi capita spesso di avere paura.» «Sì, lo so bene, Karina; lei è sempre la ragazza incosciente di due mesi fa; non si è mica resa conto dei rischi che ha corso nel Kashmir. Sa quanta fatica mi è costato farle da angelo custode? Shafti non è certo partito di sua spontanea volontà; Jusuf ha mostrato rispetto a *me*, non a *lei*. Non s'immagina cosa dicessero della sua persona. Sono arrivati a sospettarla di spionaggio... E ancora ride?»

«Alla fine è andato tutto bene, Baleshwar.» «Non è ancora finita. Ogni giorno lei sfiora le fauci della tigre.» «So distinguere le tigri dagli agnelli.» «E invece non ne è capace; non in un Paese straniero. I miei uomini non sono agnelli. Come fa a sapere se lo sono io? Be', sì, di me non deve aver paura, perché la fiducia che mi accorda mi obbliga a un comportamento integerrimo...» Dopo cena ci sedemmo nella stanza con le tende verdi. Baleshwar mi raccontò della sua vita, della guerra, della rivoluzione pacifica in India e del suo viaggio in Europa. Ormai era rimasto solo al mondo.

Il giorno dopo lo accompagnai in un viaggio di lavoro. Percorremmo una strada rossa tra la boscaglia bassa. Una ventina di contadini lo aspettava alle porte di un villaggio: c'era da arginare il letto di un ruscello. Mentre il mio amico contrattava, feci due passi senza allontanarmi troppo dalla macchina. Mi ero avvolta in un lungo scialle bianco perché i pantaloni non si vedessero. Così aveva voluto Baleshwar. In mezzo agli alberi scorsi muri di argilla verniciati di giallo e rosso: era il villaggio.

Baleshwar ritornò un'ora dopo e rientrammo. Mi raccontò di una questione che lo aveva occupato di recente: una donna era scappata dal marito per andare da un altro, che però l'aveva lasciata a sua volta per un'altra ancora. Al povero Baleshwar toccava decidere chi si sarebbe dovuto prendere la prima donna. «Al suo posto me la sarei presa io» commentai. Si limitò a sorridere.

Il giorno dopo indossavo una gonna e le calze tirate su fino alle ginocchia, perché Baleshwar aveva tanto insistito...

Andavamo in visita ufficiale. La mattina, durante il tragitto, osservammo dall'alto di un autocarro una collina che doveva essere spianata per estrarne un'argilla di una tinta rossa ancora più accesa di quella della strada e del terreno tutt'attorno. Vidi una schiera di uomini e donne scalzi portare via a poco a poco l'intera collina nelle ceste in bilico sulla testa.

Il quarto giorno me ne restai in casa sorvegliata da due uomini armati. Baleshwar dava udienza nel villaggio.

Quella sera gli telefonarono. Parlava in hindi; capii solo tre parole: *bagh... royal bengal...* insomma, una tigre! A cena si mise in testa che avevo un'aria stanca e che dovevo andare a dormire presto. «No, Baleshwar, vengo con lei.» Sorrise: «In certi casi... Mi capisca... Non è roba per donne... Preferirei che rimanesse qui,

Karina». «Baleshwar! Sono una *globetrotter*. Voglio venire anch'io... per favore, Baleshwar.» «*All right!*»

Andò a prendere guanti, berretto, zanzariera per il viso, calzerotti e giacca a vento. Mi ingiunse di indossarli. Da ultimo caricò il fucile e quindi ci avventurammo nella notte torrida.

Attraversammo un paesaggio collinare fitto di cespugli. Tre uomini armati ci stavano aspettando in un villaggio. Proseguimmo in jeep guadando il letto di un torrente e poi tagliando per i prati in mezzo ad arbusti e massi... proprio in mezzo, senza mai fermarci. A volte ero certa che ci saremmo infilzati su questa o quella pietra, ma finivamo sempre per passarci sopra indenni. Fummo spesso sul punto di cappottarci, ma continuammo ad avanzare. La zanzariera risentiva dei rami che mi colpivano il viso. Io non dicevo nulla; gli altri nemmeno. Quando ci fermammo, il rombo del motore fu sostituito dal ronzio delle zanzare. Camminammo a lungo in punta di piedi, ma tanto lentamente che percorremmo appena cinquecento metri. Grondavo di sudore dentro a quella zanzariera corazzata. Il piano era di passare la notte non lontano da un vitello morto, sventrato dalla belva.

Alzai lo sguardo alla ricerca di un possibile giaciglio sopraelevato, ma nessun albero si stagliava più in alto dei miei ricci. Allora ci infilammo tutti e cinque in una capanna di frasche che sorgeva a una decina di metri dalla carcassa. Il buio pesto di allora mi impedisce di disegnare l'aspetto pietoso che dovevo avere lì dentro: acquattata tutta storta, dolorante e costretta all'immobilità perché bastava un battito di ciglia a far frusciare quel tugurio. In preda ai crampi più orribili dovetti infine tentare di cambiar posizione, spostandomi di un centimetro al minuto, altrimenti rischiavo di perdere una gamba. Poi all'improvviso qualcuno intimò: «Ssshh...». Rallentai ulteriormente. Ronzii e punture intorno alla testa. Mi lasciavo pungere, visto che pure gli altri facevano lo stesso. Ovviamente loro, per via dell'abitudine, non soffrivano così tanto a starsene accovacciati.

Da un buco della capanna si vedeva il vitello morto. Appesa a un cespuglio, una lampadina pendeva sulla carogna; l'uomo al mio fianco stringeva in mano l'interruttore e avrebbe dovuto accenderla nel momento culminante.

Regnava un silenzio spaventoso. Qua e là qualche foglia si staccava dalle frasche della capanna. La belva sarebbe arrivata verso le nove. Un cane abbaiò... Ecco!... No!... Poi di nuovo silenzio. Mi sentivo inquieta.

Forse era già in agguato dietro al cespuglio a soli tre metri di distanza. Se fosse arrivata da dietro, costeggiando la capanna, le prime prede che avrebbe fiutato saremmo state noi e allora non si sarebbe di certo lanciata sul vitello… Chi sorvegliava il retro? Magari non sarebbe venuta affatto. Scricchiolio di rami, flash di lampadina, poi di nuovo nulla. Erano ormai le nove e mezza, le dieci, le undici… Niente. Provavo un dolore del diavolo.

Verso mezzanotte tutta la capanna fu percorsa da un fremito. Ma a mezzanotte non sarebbe arrivata di sicuro; in caso si sarebbe ripresentata per colazione, all'alba. Così mi acquattai un po' più comoda e presi a sonnecchiare, per quanto possibile.

Alle quattro del mattino la capanna fu percorsa da un altro sussulto. Quella era un'ora plausibile. Ormai non m'importava più se si fosse fatta viva; anzi, avrei preferito di no. Aspettavamo in un silenzio fremente. Albeggiava; la triste carcassa giaceva ancora lì. Attendemmo fino alle sei… La tigre reale del Bengala non tornò mai dalla sua vittima.

La sera spesi le ultime ore con Baleshwar nella stanza con le tende verdi. Con ogni evidenza l'uomo riusciva a dominarsi meglio di me, infatti era ancora in grado di parlare:

«…E se poi le capiterà di non saper più che fare o dove andare, torni pure qui. La mia casa è sempre aperta per lei. La stanza rosa è sua; rimarrà per sempre così, come lei la lascerà… E se fra tanti anni avrà una figlia, allora deve venire a trovarmi così che io possa raccontarle le avventure di sua madre… E poi, Karina, ecco qui, per lei, un telo di seta del mio Paese. Questa invece è una pietra preziosa; ne avrà bisogno durante il viaggio; la conservi più a lungo che può... E una coperta di lana, per il Giappone. Lei non pensa a nulla, né al freddo, né al pericolo. Dev'essere sempre qualcun altro a pensare per lei. Adesso è ora di andare. Il Calcutta Express parte tra mezz'ora».

Ci recammo in stazione.

«Chiuda subito a chiave le porte dello scompartimento e non lasci entrare nessuno. Si ricordi che non devono vederla nemmeno al finestrino... *Goodbye.*» Se ne andò prima che il treno si mettesse in moto. Partimmo a mezzanotte. Ero seduta nel posto migliore di tutti, c'era persino l'aria condizionata. Mi coprii con la copertina per il Giappone.

Ero completamente sola nello scompartimento... e nel mondo intero.

Quindicesimo capitolo

«Eccomi qua, dottore! Sono tornata dalla trappola per ragazzine.» «Gliel'avevo detto che era meglio rimanersene qui.» «Ma perché? È andato tutto a meraviglia.» «Non direi: s'è giocata un altro biglietto gratis per il Giappone. Il signor Schleier le aveva trovato un lavoretto su una nave, così, solo pro forma, avrebbe dovuto distribuire in giro gli asciugamani... Ma lei è tornata troppo tardi!» Mi precipitai dal signor Schleier trovandolo in piena toeletta. Dal bagno mi urlò: «Peccato, signorina. Comunque la nave torna; e magari lei sarà ancora qui».

La casetta e tutto il resto erano ancora lì come li avevo lasciati, con gli scarafaggi, le formiche bianche e le finestre aperte. Avevo appena posato la sacca, che già suonavano. Mi affacciai da sopra: al portone c'era Shafti... il mercante di tappeti del Kashmir, con il suo sguardo malvagio.

«Volevo sapere come va... Aprimi!» «Eh, scusa, Shafti, c'è il lavapavimenti... Sta spazzando per terra.» «Miss, a Shafti nessuno l'ha mai fatto fesso! Mi devi restituire la giubba che ti ho regalato! Non voglio sentire ragioni!» Gli gettai quella meraviglia dalla finestra. «Shafti ha i suoi uomini, in Kashmir come a Calcutta... Vedrai.

Quando odia, Shafti è terribile.» Se ne andò, e con lui scomparve anche la mia giubba ricamata. Me ne uscii.

All'inizio girovagai per la città senza una meta, poi improvvisamente ricominciai a pensare. A quel punto arrivò Asharam: «Posso fare qualcosa per te?». «Non so dove andare.» «Oh, Katharina, ospitarti in casa nostra sarebbe un onore per me e mia sorella. Vado subito a dare istruzioni ai servitori e passo a prenderti stasera stessa.»

«Grazie infinite! Intanto scappo a fare i bagagli.»

Sulla via del ritorno, mi venne in mente che una volta Chatterjee mi aveva detto di non fidarmi mai di Asharam.

Il giovane si presentò in piena notte e mi condusse alla sua villa. Per strada lo pregai di non rivelare a nessuno dove mi trovassi. «Oh, puoi contare sulla mia discrezione. Chatterjee mi ha appena chiesto se sei ancora a Calcutta; gli ho risposto che non ne ho idea e che anch'io ti sto cercando dappertutto.» Strano, pensai.

Nel frattempo eravamo giunti a destinazione. Ci venne ad aprire un ragazzino, il servo Bhgoban.

La mia stanza aveva due finestre con le inferriate ma senza vetri; in compenso le imposte si chiudevano male perché erano troppo grandi. Nella camera entrava a malapena il letto. Non era un baldacchino, ma una cassa di legno con due coperte di lana sopra: una su cui stendersi, l'altra per coprirsi. C'era inoltre una sedia a dondolo. In realtà era una poltrona normalissima che nel corso degli anni aveva perso una gamba e così ormai dondolava quando ci si sedeva sopra. Il soffitto era rigato da strisce marroni come rami: file di formiche che presto o tardi si sarebbero divorate tutta la casa. Dal solaio pendeva un cavo e dall'estremità di questo una lampadina, che a volte si accendeva, ma non sempre. Se uscivo dalla stanza, mi ritrovavo subito all'aperto, però al primo piano; una parte della balaustra del balcone era rotta.

Asharam si scusò perché il pavimento non era stato spazzato. In quel momento aveva un solo servitore, ed era il cuoco. Bhgoban mi portò un catino di acqua calda per lavarmi; un gesto sorprendete, visto che era il cuoco.

Il pavimento del bagno era un po' scivoloso, forse per il muschio, ma non ne ero sicura perché lì dentro non c'era la luce e tantomeno una finestra.

Prima di andare a dormire avrei voluto chiudere a chiave la porta, ma non era possibile: il chiavistello era attaccato al battente sbagliato. Dalla parte giusta era ancora visibile solamente il punto da cui con ogni evidenza era stato svitato.

Asharam mi portò una camicia da notte che, però, non indossai; mi misi invece una cosa mia, che almeno si chiudeva sul davanti.

Volevo dormire, ma arrivarono le zanzare, e al loro seguito si presentò Asharam munito di una zanzariera. Legò una corda alla lampadina e una rete alla corda. Non era un congegno molto convincente. Purtroppo il ragazzo non era affatto stanco. Si sedette sulla sedia a dondolo, e io mi sistemai sul bordo del letto. Seguiva con lo sguardo ogni mio movimento. Disse di essere timido per via della sua pelle scura. «Ma va benissimo così, Asharam! La timidezza è una virtù!» Sorrise. «Sei cattiva.» Gli chiesi dove fosse finita sua sorella. «È all'ospedale; ma tornerà presto.» «Ah, ecco…» replicai tanto per dire qualcosa, mentre pensavo: che situazione imbarazzante! Per il resto non viveva nessun altro nella villetta. Chissà che avrebbero detto a casa!

Ero stanca morta, ma quella sera intrattenni Asharam con le mie storielle viennesi. Lui aveva uno sguardo estasiato: «Quello è il posto in cui dovrei vivere!» esclamò «Sai, io sono un poeta…» e poi attaccò a pronunciare suoni lenti e a canticchiare con voce profonda e gli occhi sgranati. Mentre cantilenava si tirò su e sollevò le braccia. Non la smetteva più, modulando la voce ora forte, ora di nuovo piano. Agitava le mani nell'aria e pareva un pipistrello. La vestaglia corta di seta blu con navi cinesi ricamate in oro gli penzolava addosso. A un certo punto proruppe in un grido, poi lasciò ricadere le braccia, esausto. Venne a sedersi vicino a me, come per caso. Come per caso, mi spostai sulla poltrona. «Perché ti metti lì?» «Per guardarti meglio.» Si raddrizzò. «Pure mio nonno era un grand'uomo… un principe, temuto dal suo popolo. Anche di me hanno paura. Nessuno osa contraddirmi. Dentro di me c'è una forza… un demone, quando divento cattivo. Con i miei incantesimi posso controllare le persone. Quello nel ritratto lì alla parete era il mio maestro. Adesso è morto; aveva centonovantotto anni.

Ha trasmesso a me tutti i suoi poteri. Parlo sempre con lui...» Asharam continuò a disquisire a lungo di questi poteri. Alla fine mi alzai: «Asharam, devi riguardarti, altrimenti finisci per perderli questi poteri. Hai un'aria stanca, vai a dormire».

Lo presi per mano e lo condussi sul sofà nella sua stanza. «Ecco, ora stenditi sul divano... Qui c'è la coperta... Copriti. E adesso prega il tuo maestro. Buonanotte, Asharam.» In quel momento il suo demone doveva essersi andato a fare un giro...

Tornai in camera mia e subito crollai addormentata sul letto. Asharam passava le giornate sdraiato sul sofà in vestaglia blu. Dormiva moltissimo. Una volta gli chiesi cosa facesse tutto il giorno. «Medito» mi rispose.

Le sere, però, quando io ero stanca, lui era sempre sveglio. E mi dava il suo bel da fare. Sproloquiava senza sosta del suo demone; mi raccontò che una volta aveva ucciso un uomo solo con lo sguardo.

Ma sulla sorella invece non diceva più una sola parola. Sospettai che forse non era mai esistita. In ogni caso, durante la mia permanenza, non fece ritorno dall'ospedale.

Una sera andammo a un concerto: si trattava di una competizione tra i più grandi cantanti indiani. Non ci capii molto. I partecipanti ruggivano come orsi sempre le stesse due note basse. Asharam mi spiegò che la musica classica indiana non è scritta, ma viene composta all'istante dagli esecutori. Rimanemmo lì ad ascoltare per quattro ore. Asharam era rapito da quelle due note. Per l'occasione indossava il suo abito di gala più elegante: una lunga veste scura con il colletto rigido, a cui mancava però il secondo bottone dall'alto, sostituito da un bel buco; questo difetto, comunque, non guastava l'immagine generale. Quella sera gli dissi: «Asharam, questo vestito ti sta divinamente, è talmente splendido che vorrei vederti sempre così». Da quel momento in poi cominciò a portare l'abito di gala dalla mattina alla sera, al posto della vestaglia.

Nei giorni successivi battei tutte le agenzie di viaggio locali alla ricerca di un mezzo di trasporto per il Giappone. Cominciai con Cook, ma non ci tornai, perché era una compagnia che trattava solo con viaggiatori molto seri e quindi non era adatta a me. Uscita dagli uffici di Cook, vagai per una zona dove non si incontrava neppure una donna, a parte le questuanti, ed era molto poco frequentata anche dai bianchi. L'aria lì non era buona quanto negli altri quartieri della città, ossia era persino più pestilenziale. Però se si cercano informazioni sui trasporti marittimi, è nell'area del porto che si deve andare. E io la bazzicavo parecchio. Conoscevo ogni angolo e ogni guardiano del porto di Calcutta. Avevo addirittura il mio mendicante di fiducia, il ragazzino che tutti i giorni arava la folla per

seguirmi, sempre con la sorellina eternamente svenuta in braccio. Ogni settimana imparavo a memoria il bollettino «Notizie del porto» e conoscevo il direttore dell'ufficio di ogni singola compagnia navale. Li incontrai uno per uno per chiedere un passaggio per il Giappone su una delle loro imbarcazioni; in cambio mi offrivo di badare a bambini, cani, cavalli e persino cucinare per l'equipaggio. Devo aver elencato le mie capacità e i miei desideri almeno duecento volte.

I direttori provenienti dai Paesi orientali erano parecchio stupiti; perlopiù mi liquidavano invitandomi a rivolgermi alla ditta a fianco, dove di solito avevo già recitato il mio repertorio. Con i direttori europei conversavo di accordi internazionali, dell'aumento del turismo e del calo della buona creanza tra i viaggiatori contemporanei. Sorridevano e mi rimpallavano a qualcun altro. In poche parole, vivevo la vita della venditrice porta a porta.

A volte, di sera, ormai esausta, mi domandavo per quanti anni ancora sarei stata rinviata sempre all'ufficio dall'altra parte della strada. I danesi mi spedivano dai norvegesi che, non avendo nessuna nave in giro per l'Estremo Oriente, si potevano permettere di starmi a sentire con attenzione e sollecitudine; i francesi erano fascinosi, ma per niente disposti a fare un'eccezione; e in terza classe non mi avrebbero fatto viaggiare nemmeno a pagamento, per via del «decoro della razza bianca».

Un giorno in cui non sapevo più che pesci pigliare, mi ricordai del giapponesino della compagnia Mitsui, che era sempre cordiale e sorridente. Parlai un po' con lui di cultura e intesa tra i popoli e poi *en passant* menzionai le mie pene per ottenere un visto. «L'accompagnerò giovedì dal nostro console e vedremo quel che si può fare.»

Quel giovedì pomeriggio al consolato giapponese venne apposto un timbro illeggibile sul mio passaporto: un visto di transito; era l'unico che non costava nulla. Autorizzava di restare nel Paese al massimo una settimana. Mi dissi che l'importante era arrivarci, poi il resto sarebbe venuto da sé. In fin dei conti al giorno d'oggi è raro che uno venga buttato a mare dalle autorità locali. Peraltro, rilasciandomi il documento, il console aveva benevolmente chiuso più di un occhio e non mi aveva neppure domandato dove fossi diretta dopo la breve permanenza in Giappone. Per fortuna, perché non avrei avuto idea di cosa rispondergli.

Seguendo un'ispirazione improvvisa, un giorno chiesi al direttore del Great Eastern Hotel se non avesse un ospite, più occidentale possibile, che avesse bisogno dei miei servizi, visto che sapevo le lingue ed ero in grado di scrivere a macchina. Poche ore dopo venni assunta da un belga.

Fu così che mi ritrovai ogni sera dalle cinque alle sette a tradurre tremendi telegrammi sul contenuto di fosforo e silicio nei minerali di ferro. Un lavoro noiosissimo. Il belga mi chiedeva spesso se non fossi troppo stanca. Una volta gli risposi di sì, perché ormai mi si incrociavano gli occhi, e allora mi diede il cambio. Quando avevamo terminato, cenavamo assieme, poi chiamava un taxi per farmi riaccompagnare nel lungo tragitto fino a casa.

Era un brav'uomo, il belga, ma mi ripeteva tutti i santi giorni come fossi la persona più incosciente che avesse mai incontrato. Tuttavia non gli piaceva cenare da solo. A volte mi fissava e domandava se per caso fossi malata, perché ero così pallida in viso.

Un giorno mi chiese dove abitavo. «Sono ospite da una famiglia» risposi. «E da chi è composta questa famiglia?» «Due genitori con prole...» Non potevo certo dirgli la verità... «E quanti anni ha la "prole"?» «Più o meno l'età mia.» «Be', grandicella come prole!» «Ma se lei mi ha appena rimproverato di non essere che una bambina!» «Hanno un figlio maschio, vero? E come si comporta?» «Proprio come un bambino.» «Katharina, lei deve lasciare immediatamente quella casa!» e mi lanciò un'occhiata severa e perplessa. Era da un bel po' che non mi guardavo allo specchio, ma d'altronde nella villa di Asharam, già buia di suo, ce n'era rimasto solo un frammento, grande a malapena per riflettere un occhio.

Anche Babu qualche giorno prima mi aveva chiesto se ci fossero problemi. La risposta ovviamente era sì, ma non potevo dirlo a nessuno, perché come si faceva a raccontare quella vicenda così balorda?

Ormai erano diverse notti che non dormivo per colpa del "bambino". Asharam non aveva mai sonno quando io volevo andare a letto. Rincasavo la sera e il bimbo pretendeva di sentire le storie. Gliele narravo fino all'alba. Parlavo senza neppure riprendere fiato, per non distogliere Asharam dalle sue fantasie.

Una notte mi lasciò di stucco. Si presentò dicendo: «Ho deciso di sposarti. Ho già avvertito i miei amici. Ti va bene tra due settimane?». «Ma Asharam...» «Che c'è? Non vuoi?» «Be', prima devi chiedere il permesso a mio padre. Si fa così in tutto il mondo, no?» «Anche da voi? Non credevo. Sapevo che lì dalle vostre parti era diverso…» «No, Asharam, non siamo conquiste così facili come sembra.» «Va bene; allora manderò una lettera a tuo padre. Gli scriverò che riceverai i gioielli più belli del mondo.» «Ma Asharam, se mi sposo con te, poi che me ne faccio dei gioielli?» «Non ti capisco proprio. Sei una ragazza senza protezione e io ti prendo comunque. Chi altro lo farebbe?»

«Ah, Asharam, non ti preoccupare per me. Tante altre ragazze senza marito sono andate in paradiso. Ma tu invece dimmi: il tuo maestro era sposato?» «Il mio maestro insegna che tra i venti e i trent'anni si deve mettere su famiglia; tra i trenta e i quaranta si vive per avere successo in questo mondo; e dopo i quaranta ci si ritira in solitudine.»

Certe notti, quando non riuscivo a farmi venire in mente nessuna storia, cantavo e suonavo per Asharam. Per un po' riuscii a sostenere queste nottate faticose, poi però all'improvviso ebbi un attacco di nervi: «Asharam, siamo entrambi molto stanchi. Vai a letto, per favore». «No, non riesco a dormire.» «Asharam, uno di noi due ora se ne va.» «Questa è casa mia e si fa come dico io.» «Va bene. E allora io prendo e me ne vado.» Mi alzai. «Non ti lascio andare!» Mi aveva afferrato per il braccio; gli diedi uno schiaffo. Asharam mollò la presa, corse fuori e cominciò a fracassare tutto, urlando. Schianti, grida, pentole scaraventate a terra, vetri infranti. L'uomo era impazzito. Quando ormai aveva fatto a pezzi ogni cosa, lo sentii camminare su e giù a grandi passi, mormorando in hindi. Con quel sottofondo finalmente potei abbandonarmi al sonno.

Di prima mattina Asharam venne a dirmi che durante la notte era stato vittima di un attacco di follia. Aveva già parlato con il suo maestro e mi avrebbe lasciato la casa. Andai subito in città a cercarmi un altro posto in cui stare. Chiesi in alcuni monasteri e presso la missione cristiana. Nel pensionato femminile avevano un letto libero.

La sera tardi tornai nella villa a recuperare la mia sacca. Asharam mi aprì la porta, senza dire una parola. «Buonasera, Asharam.» Nessuna risposta. «Asharam... buonasera.»

Silenzio. Lo guardai in viso; era posseduto dal demone.

«So chi è lui. Ha paura di me; non ti ha nemmeno accompagnato fino alla porta di casa mia. Voi due mi oltraggiate. Ridete di me. Pensate tutti che sia un idiota... tutti, tutti. Andrò dal tuo "amico" a chiedere soddisfazione... la pagherà... la pagherà, il tuo amico.»

Salii nella mia camera. Asharam ciondolava legnoso e scendeva le scale marciando a ritmo, con passo fermo e regolare. Un-due-un-due... Dietro la schiena teneva seminascosta, ma in modo che non potessi fare a meno di notarla, la spada arrugginita di suo nonno.

Accostai il letto alla porta e aspettai.

Dopo un tempo infinto, bussò. «Apri la porta!» Non risposi.

«Apri subito!» Colpiva più forte. «La butto giù!» Cominciò a picchiare con la spada. Tirai via il letto, Asharam entrò, con lo sguardo vitreo. «Sei ancora tutto intero, Asharam?» «Voi ridete di me. Il tuo amico è troppo vigliacco per battersi. Oh… avrei dovuto ammazzarlo… ma mi ha fatto pena… e a lui veniva da ridere... Non avrò pace, finché tutti voi non mi prenderete sul serio… Tutti quanti!»

«Asharam, adesso me ne vado.»

Cadde in ginocchio. «Non lasciarmi, Katharina. Non lo farò mai più. Mi distruggi, se te ne vai. Resta… Da ora in poi sarò come un fratello per te… Non andare! Non andare…» Asharam aveva ormai ripreso la sceneggiata. «È meglio così. Stai bene, Asharam.» Uscii, l'uomo mi barcollò dietro. «Oh, che idiota che sono!» esclamò sulle scale, picchiandosi la fronte. Una corona di teste femminili sbucava dalle mura del cortile: erano le vicine, attratte dal baccano. Me la filai al pensionato cristiano.

Sedicesimo capitolo

Mi condussero in una cella, vidi un letto e ci crollai sopra. Dormii finché non mi svegliai e a svegliarmi furono le risate argentine che mi circondavano. D'altronde ero in un pensionato per ragazze. La mia stanzetta era posta al centro di una grande sala e le sue pareti non arrivavano al soffitto.

Da sinistra sentii dire in indo-inglese: «Sheila, hai visto che c'è una nuova nella cella qua in mezzo?». Da destra, in risposta: «Una nuova? E chi è?». «Da quel che ne so, è una forestiera. Un tipo strambo, dicono.» Mi riaddormentai.

Se non avessero bussato, in questo momento starei ancora lì sul letto, a dormire vestita nella cella numero 38. Il portinaio mi portò un biglietto con la scritta: «Mookherjee». Era un commerciante interessato ai miei quadri; se li era già fatti portare in negozio.

Mi aspettava di sotto in sala d'attesa. Sulla soglia del pensionato la guardiana mi rincorse chiedendomi dove credevo di andare. Mookherjee rispose al posto mio: «In chiesa». Mi informò di aver venduto alcuni miei dipinti. «Ecco qua trecento rupie, per lei. Quando pensa di partire?» In seguito scoprii che con ogni probabilità era stato lo stesso Mookherjee ad acquistare le opere.

Il dottor Wendel fu parecchio stupito del mio affare: aveva sempre sostenuto che in India nessuno avrebbe mai comprato quadri del genere. In quei giorni venni a sapere dal dottore che Mr Singania gli aveva chiesto mie notizie con impazienza. Era infatti ancora in attesa dei miei progetti per la decorazione della sua stanza. Una volta gli telefonai: «Oh, Miss, è da una vita che aspetto una sua chiamata. Quando posso passare da lei?». «Non abito più in quella casetta, Mr Singania; mi sono trasferita in un pensionato per ragazze.» «Un pensionato? Come mi dispiace! Ma dica, non potrebbe tornare in quella sua graziosa casetta per un giorno?» «Direi proprio di no, Mr Singania; al massimo possiamo incontrarci in un caffè.» «Be'… ma così, in pubblico, che senso ha? E se facessimo al cinema? Vediamoci alle tre davanti al Globe. Intesi?»

Alle tre in punto, mentre aspettavo di fronte al cinema, passò un uomo nero con pelle e capelli completamente ricoperti di cenere. Si reggeva a un lungo bastone, sottile quasi quanto lui. Non guardava nessuno, scrutava in lontananza, come se la sua vista giungesse più in là di quella degli altri. Questi asceti si chiamano

sadhu. Dietro all'uomo arrivava di gran carriera Mr Singania con uno sguardo decisamente poco ascetico.

Mi propose di vedere un film e non sospettai nulla di male. Ma subito mi stupii quando con gran sussiego la maschera ci accompagnò direttamente in un palco parecchio appartato. Mr Singania non si dimostrò molto interessato alla pellicola. «Desidero aiutarla, Miss Katharina, in nome dell'amicizia che ci lega» bisbigliava. Gli domandai cosa ne fosse stato della stanza grigia che avrei dovuto affrescare. «Ah già… lei non si è più fatta viva e allora ho commissionato il lavoro a un altro artista… Ma voglio aiutarla lo stesso… Sono un uomo di buon cuore. Sa, ho parlato della sua arte a un amico. È pronto a fare qualsiasi cosa per lei. È un uomo molto ricco, molto più di me. Questo mio amico ha una collezione d'arte. Colleziona… come posso dire… sì, insomma… oggetti che qui non si vedono molto spesso, lei mi capisce… È disposto a pagare qualunque cifra per un dipinto. Sto solo cercando di rendermi utile, Miss Katharina. Quel tipo di quadri, lei è in grado di realizzarli? Il mio amico ama la pittura che non tralascia nessun dettaglio… diciamo… molto realistica. Se accetta, è già tutto organizzato. Lui affitterà una stanza d'albergo dove lei potrà mostrargli le tele. Che ne dice, Miss Katharina?» «E perché i quadri dovrebbe vederseli in albergo?» «Be', lì se ne può discutere con più calma. Vi lascerò soli in modo che voi due possiate contrattare senza imbarazzi. Tenga a mente che è un uomo davvero molto ricco.» «Può riferire al suo amico che a me interessa solo l'arte e quindi non è il caso che prenoti camere d'albergo.»

«Miss Katharina, noi ci diamo un gran daffare per il suo bene. Perché ci ripaga con tanta scortesia?» Singania cominciò a lamentarsi. Io fissavo rigida lo schermo, senza vedere nulla della pellicola. «Sia ragionevole, Miss.» «Adesso ne ho abbastanza!» e saltai su in piedi. Per lo spavento, Singania cadde dalla sedia facendo un gran fracasso. Meno male che proprio in quel momento nel film era in corso una sparatoria. Sotto, in sala, vociferavano. Singania si alzò tremante da terra: «Oddio, mi prende un colpo! I miei poveri nervi! Perché si comporta così? Me ne vado. Mi telefoni». Uscì dal palco. Dieci minuti dopo me ne andai anch'io. La maschera mi seguì con lo sguardo, pensando chissà cosa.

Un giorno la compagnia navale britannica mi comunicò che, per quattrocento rupie, avrei potuto imbarcarmi sulla *Sirdhana* in partenza per Tokyo a fine novembre. Scongiurai il biondino inglese di tenermi il posto, pazientando un po' per il pagamento. Tra una cosa e l'altra, infatti, metà del mio gruzzolo era finito nelle casse del pensionato. Magari due soldi li avrei ricevuti in cambio del mio lavoro giornaliero per il belga, ma in India ho capito una volta per tutte che si possiede solo quello che si porta addosso, o dentro di sé.

Così mi presentai nell'ufficio del direttore della radio indiana, e gli spiegai che sapevo suonare e cantare. «Che dirle, signorina? Il nostro palinsesto viene programmato con cinque mesi di anticipo, ma si può sempre fare una prova.» Cantai tre canzoni.

Qualche giorno dopo mi proposero di incidere su disco mezz'ora di ninnenanne europee. Sfortunatamente ne conoscevo solo due e messe insieme duravano al massimo cinque minuti, ma avevo in repertorio anche tutta una serie di altri brani che suonavano abbastanza simili. Quindi decisi di presentarmi comunque in sala di registrazione.

Mi rinchiusero in una gabbia verde e serrarono la porta alle mie spalle. Alla parete era appesa una luce rossa. Dovevo aspettare che diventasse verde, e a quel punto cominciare a cantare.

Cantavo, cantavo e cantavo ancora, una canzone dopo l'altra, senza sosta. Dopo venti minuti fui lì lì per steccare, ma la scampai. Continuai a cantare. Al ventiseiesimo minuto sentii qualcosa strisciare sulla mia tonsilla sinistra, si dirigeva verso la trachea. Deglutii e continuai a sgolarmi. Non avevo altra scelta. Stavo morendo dal caldo, eppure non la smettevo di cantare. Poi, improvvisamente, mi dimenticai di respirare... Un crepitio, la luce rossa... Era passata la mezz'ora.

Entrarono, si congratularono e mi chiesero se volevo sentire la registrazione. «No, grazie» fu tutto quello che riuscii a gracchiare con la poca voce che mi era rimasta. I miei nervi non avrebbero retto a riascoltarmi. Per quella mezz'ora imbarazzante mi intascai quaranta rupie.

Uscendo dalla radio, andai in un caffè per riprendermi. Come entrai, incrociai Chatterjee che se ne stava andando con fare offeso. Sapevo che c'era rimasto molto male per la mia improvvisa scomparsa dalla casetta. Più affabili furono in compenso la signora Kleeblatt e il decrepito professor Weidheim, che chiacchieravano allegramente davanti a un tè. Il professore fu particolarmente felice di vedermi. A dire il vero si esaltava a ogni nuovo avventore, perché per lui il caffè non era altro che un'aula universitaria dove far lezione. Più il caffè era pieno, più il professore andava in solluchero e alzava la voce.

C'era da dire che era duro d'orecchi e per questo motivo strillava sempre. Era specializzato in Orientalistica, ma era il tipo d'uomo che poteva tenere una conferenza anche a proposito di un cerino. Il suo sapere era universale.

Discettava sul retroterra antropologico dell'essere umano e di colpo mi puntò l'indice addosso: «Provi a chiedere a ogni persona con cui ha a che fare qual è la sua origine antropologica. Vedrà cosa le dice, vedrà». In quel momento entrò un omino tracagnotto con gli occhietti a fessura dietro a grandi occhiali. Si guardò intorno e poi ci raggiunse al tavolo. «Oh, generale!» esclamò il professore. La signora Kleeblatt fece le presentazioni. «Il generale viene direttamente dal Nepal.» Il militare si unì al consesso. La signora Kleeblatt portò la conversazione su di me e i miei progetti, e a quel punto il vecchio professore sentendosi inutile si dileguò. Ammirammo il suo portamento elegante mentre usciva dal locale con il bastone da passeggio nero sovrastato da un pomello d'argento e la sahariana celeste che ricadeva sui pantaloni di lino bianco.

La signora Kleeblatt non la smetteva più di parlare di me e di come avrei potuto guadagnarmi i soldi per il viaggio. Alla fine domandò al generale: «Se ne sta lì e non dice niente, caro lei? Magari si potrebbe organizzare una piccola festa canora all'ambasciata nepalese?». «Sì, penso di poterle dare una mano» rispose il militare. Lasciai il caffè sotto la sua ala protettiva. Mi accompagnò al Great Eastern Hotel, dove attaccavo il mio lavoro per il belga.

Rincrociai il generale la mattina successiva e fui felice di sentirlo confermare la sua intenzione di aiutarmi. Il giorno dopo la ribadì ancora, e lo stesso fece anche al nostro terzo incontro. Poi arrivò la domenica in cui questo aiuto si sarebbe dovuto concretizzare. Aspettai tutto il pomeriggio il militare e un suo amico che aveva scelto uno dei miei quadri e doveva tornare a comprarlo. Nessuno si fece vivo. Il lunedì il generale si presentò da solo, sostenendo che il portinaio gli avrebbe detto che non c'ero. Non ho mai scoperto come siano andate veramente le cose.

Di acquistare i miei dipinti non se ne parlò più. In compenso il generale mi mostrò la sua villa disabitata a Calcutta. Da fuori sembrava una gigantesca colonna, di quelle che a Vienna si usano per le affissioni. Declinai il suo invito a entrarci. Una colonna, per di più vuota, al massimo si ammira da fuori.

«Possiedo un palazzo nell'Assam. Possiamo prendere l'aereo. Organizzerò una caccia alla tigre» mi propose. «La ringrazio, ma la mia nave parte tra una settimana.» «Ma se lei mi accompagna nell'Assam, poi la faccio portare in aereo ovunque desideri.» Non mi convinse. Non avevo voglia di volare nell'Assam con quell'uomo. «Lei è una ragazza sorprendente» commentò. Il sesto giorno mi diede appuntamento al caffè in cui ci eravamo conosciuti, ma non si fece vivo. Qualche tempo dopo lo intravidi in macchina con una bionda di fianco. Il generale nepalese, infatti, si intratteneva volentieri con le ragazze europee, «perché si intendono di sport» come mi aveva detto una volta.

Mancavano solo cinque giorni alla partenza della *Sirdhana*, il bastimento che mi avrebbe condotto a Tokyo, ed ero ancora ben lontana dal possedere la somma per pagare il biglietto. Cominciavo a provare un senso di vertigine. Mi rigiravo nel letto della mia celletta rimuginando sul nebuloso futuro all'orizzonte. Una mattina il dottore mi domandò se già sapevo come sarei ritornata dal Giappone. Nei miei pensieri non mi ero ancora spinta così in là. «Una volta giunta in Giappone potrà fare il giro da dietro; sarà più facile.» Sorrisi di questa proposta ridicola. Quella notte per l'ennesima volta non riuscivo a dormire. Ero tutta sottosopra. Cambiavo posizione di continuo, mi appoggiavo alla testiera per poi ritrovarmi con i piedi sul cuscino. All'improvviso mi tornò in mente quella proposta ridicola: il giro da dietro sarà più facile... In fondo, c'è solo un mare di mezzo... E se non passo da dietro, allora devo ripassare da davanti; di nuovo l'India... No, a questo non sarei sopravvissuta... Due volte in India.... proprio no! Di punto in bianco mi sentii un pizzicore nello stomaco.

Alle nove telefonai al biondino inglese della compagnia navale e gli comunicai che la *Sirdhana* poteva partire per il Giappone senza di me.

Alle dieci da dietro gli occhiali Miss Alberts mi stava dicendo: «...Questo potrebbe sostenerlo chiunque... No... Non facciamo entrare avventurieri nel nostro Paese... Ritorni quando potrà soddisfare tutti i nostri criteri...». No, alla viceconsole americana a Calcutta non andavo per niente a genio. Peccato che non fosse un giovanotto, pensai; con un ragazzo della mia età forse me la sarei intesa meglio. Mi congedai da Miss Alberts abbattuta come un barboncino cui hanno appena fatto la doccia. Le condizioni richieste per un visto di transito americano mi erano inarrivabili; avrei dovuto acquistare in anticipo tutte le tratte navali da Calcutta al Giappone, dal Giappone all'America e da New York all'Europa. E siccome mi aveva presa storta, la brava Miss Alberts pretendeva pure che fossi già in possesso del biglietto della corriera da San Francisco a New York. Era come se uno ti chiedesse di prenotarti il posto a sedere in tram, e per di più con sei mesi di anticipo.

Alle undici ebbi la seconda doccia fredda della giornata. All'agenzia di viaggio scoprii che quei tre biglietti navali sarebbero costati sei volte tanto tutto quello che avevo mai posseduto in vita mia. Ero talmente zuppa di tristezza che quella sera arrivai tardi al lavoro dal belga. «Non fa niente.» mi comunicò «In ogni caso non ho più bisogno di lei. Domani torno in Europa... Se avessi voce in capitolo, la prenderei sottobraccio, la caricherei in aereo e la riconsegnerei a sua madre. Questo è il suo compenso. Lo usi per tornarsene a casa. È ora di finirla con la vita da vagabonda.»

Era una cifra gigantesca, quasi non riuscivo a contarlo tutto quel denaro... Molto più di quanto mi fossi effettivamente guadagnata. Il buon belga però non aveva tenuto conto della mia spavalderia. Lo accompagnai all'aeroporto; al momento del commiato gli dissi: «Non tema, ci tornerò a casa... solo che farò il giro da dietro».

Alla compagnia di volo Cathay Pacific era in servizio questo tipo che mi spiegò come gli studenti avessero diritto di volare a metà prezzo. In quel modo mi bastavano i soldi per arrivare fino a Hong Kong. Prenotai un biglietto per la settimana successiva, il 26 dicembre. Seguirono giornate meravigliose; anche solo per il clima che si era mitigato e faceva sbocciare fiori magnifici nel parco Maidan. Il caldo non gravava più così tanto sull'umore e se te ne rimanevi a letto senza pensare a nulla, non sentivi più nessuna oppressione. E così me ne stavo sdraiata e soddisfatta nella mia cella e non lasciavo che neppure un pensiero oltrepassasse il 26 dicembre.

A Calcutta nessuno credeva che sarei partita davvero: ci avevo provato già troppe volte. Io stessa facevo ancora fatica a convincermene. Però per precauzione cominciai a prendere congedo da un po' di amici.

Babu commentò: «Se non ci fossi stato io…».

Quello che disse il dottor Wendel non me lo ricordo più. So solo che sfoderò quel sorriso che si impara a Calcutta. «Hai sentito, Stefan? Se ne va in America. Ah, lì sì che troverà un marito ricco» questa fu la chiosa della signora Kleeblatt, mentre i due gattoni che si teneva sulle spalle mi squadravano dall'alto in basso. (La signora Kleeblatt aveva ventitré gatti.)

Proprio in quei giorni era arrivato a Calcutta, zaino in spalla da Düsseldorf, il mio "collega" Timm Bolte.

Da qualche parte tra Bombay, Delhi e Calcutta, Timm era venuto a sapere di non essere l'unico matto della sua specie. Aveva seguito le mie tracce e finalmente era riuscito a scovarmi nel pensionato cristiano di Calcutta. A quel punto aveva prenotato un biglietto aereo per la settimana seguente. Nel frattempo doveva guadagnare un po' di soldi.

Il denaro non era un problema per Timm, perché dovunque arrivasse trovava sempre un'associazione che voleva sentire raccontare le sue storie, dandogli persino un piccolo compenso per il disturbo. Timm mi mostrò un album con dei ritagli di giornale su di lui. La sera del 22 dicembre mi presentò un giornalista, in modo che anch'io potessi venire intervistata. Il 23 dicembre una ressa di indiani si accalcava di fronte al pensionato per vedermi. Senza volerlo mi ero ingraziata gli animi più ortodossi perché, a quanto pare, il giornale aveva scritto che ero contraria all'influenza occidentale in India.

Un vecchietto insistette a parlarmi a lungo. A intervalli regolari gli facevo cenno di sì all'indiana. L'unica parola che capivo era «autografo». Mi mise sotto il naso il giornale con l'articolo su di me e fu così che feci il mio primo vero autografo; quel vecchietto mi regalò una sua foto da giovane. Un altro omino voleva mostrarmi tutta l'India… ma ci avevano già provato in tanti.

Quello stesso giorno ricevetti una telefonata di Babu. Era indignato per le mie dichiarazioni pubbliche. Pare che la buona società fosse attonita. Mi suggerì di smentire immediatamente la faccenda degli «influssi occidentali» e spedì il suo segretario al pensionato con una lettera di protesta preconfezionata da consegnare alla stampa. Non la firmai, anche perché in quel momento avevo preoccupazioni più grandi della buona società…

Il 25 dicembre fu una giornata adrenalinica, non tanto per il Natale: a Calcutta non gliene importa niente a nessuno; no, mi si era insinuata in testa un'idea fissa, ovvero che avrei potuto fare uno scalo e fermarmi in Birmania o in Thailandia durante il volo per Hong Kong. Nelle settimane precedenti avevo collezionato preventivamente una manciata di visti, alcuni dei quali nel frattempo erano già scaduti e andavano rinnovati.

Quando mi recai all'ufficio per ritirare il biglietto aereo, pretesero che pagassi in dollari e non in rupie. E quando finalmente riuscii a truffare lo Stato al punto che le mie banconote indiane vennero accettate, mi contestarono il libretto delle vaccinazioni. Dovetti quindi battagliare per ottenerne uno nuovo, che mi venne concesso senza bisogno di vaccinarmi. Infine, qualcosa non andava neppure nel mio passaporto. Prima che lasciassi il Paese, dovevano cancellare la mia iscrizione all'anagrafe indiana, ma saltò fuori che non ero mai stata registrata ufficialmente né tantomeno avevo prolungato il mio permesso di soggiorno.

Corsi in lungo e in largo quel giorno, ma non avrei mai sconfitto il pachiderma della burocrazia se non fosse apparso all'improvviso, come un angelo custode, Baleshwar. Era venuto direttamente da Chaibasa dopo aver ricevuto la mia lettera di addio. Mi accompagnò da un ufficio all'altro e, non appena mi presentavo in sua compagnia, ogni cosa si sistemava da sé.

La sera del 26 dicembre era ormai tutto in regola: passaporto, visto, libretto delle vaccinazioni senza vaccinazioni; persino la mia coscienza era a posto. Avevo salutato tutti e dovevo andare all'aeroporto di Dum Dum, dove mi aspettava Baleshwar.

Non fu di molte parole; mi diede piuttosto delle lettere di raccomandazione e, in aggiunta, un ricordo del Kashmir, una giubba simile a quella che il perfido Shafti mi aveva donato per poi riprendersela. Poco dopo mi lasciai alle spalle la grande macchia scura dell'India.

Che Dio sia lodato!

Diciassettesimo capitolo

All'alba stavo volando nel cielo sopra l'Estremo Oriente. Era stata una dolce esistenza senza peso, ma non durò a lungo, poiché ben presto mi ritrovai a piombare dritto dritto nella bocca dell'inferno. Per distrarmi la hostess mi indicò un punto dorato giù in fondo a quegli stessi inferi verso i quali stavamo precipitando.

Quando la caduta ebbe fine, non si vedeva più nessun punto dorato poiché a Rangoon era ancora notte.

Insieme a me scesero dall'aereo anche quaranta indiani; li osservai invidiosa mentre venivano accolti con ogni riguardo e ricevevano collane di gelsomino. Se ne andarono via tutti e quaranta in unico autobus.

Io me ne rimasi lì in aeroporto, con la mia sacca e tre lettere in mano. Un giovanotto aveva tutta l'aria di voler venire a parlarmi, ma alla fine non osò.

Per gli altri parevo non esistere neppure, forse alta e dritta com'ero mi scambiavano per una lampada.

Alla fine un'anima pia mi chiese se avessi bisogno di essere accompagnata da qualche parte. A dire la verità, non ne avevo idea. Avevo tre lettere di presentazione, questo è vero, ma non sapevo quale di quei tre recapiti avrebbe tollerato più serenamente la disgrazia di una mia visita. Così, in silenzio, feci la conta per due volte, fino a rimanere con un solo indirizzo. Toccai in sorte a un certo Mr Amzad Khan.

La jeep messa a disposizione dall'aeroporto mi condusse fino alla sua abitazione e l'autista consegnò la mia lettera. Dalla magione uscì una ragazza birmana: «Buongiorno, mamie, io Neni, domestica». Da quel momento in poi per tutti mi chiamai mamie e non più memsahib. Neni prese la mia sacca e mi fece strada all'interno della casa, dove la signora Khan – piccola, rotonda e inconfondibilmente indiana – mi stava già aspettando. «Buongiorno, Katharina, sono Lili, la signora Khan. Ti chiedo davvero scusa per il négligé, siamo appena tornati da un party. Devi essere tremendamente stanca per il viaggio... Neni, prepara il letto...»

Dormii in un angolino ventilato, che una tenda verde separava dal soggiorno. Quando mi svegliai, la tenda aveva cambiato colore ed era rosa. Lili sedeva in soggiorno intenta a rivestire di rosa tutti i cuscini, che prima erano verdi. Era una personcina piena di risorse: ogni due settimane cambiava il colore di tutta la tappezzeria di casa.

A tavola fece la sua comparsa Amzad Khan, anche lui rotondo e anche lui evidentemente indiano, con quei suoi bei baffoni bonari. Più tardi arrivò anche un amico di famiglia: era proprio quel giovanotto che all'aeroporto avrebbe tanto voluto rivolgermi la parola. Ero di nuovo finita in mezzo agli indiani.

In casa Khan passai una settimana di grande serenità. Non dovevo pensare, né camminare. Per risparmiarmi le camminate c'era l'auto di Mr Khan, e per evitarmi di pensare c'era Neni, la domestica. Mi indicava quali monumenti visitare a Rangoon e quando fosse l'ora di andare a dormire. La notte mi imponeva di coprirmi almeno con il lenzuolo. Un consiglio che mi sono sempre rifiutata di seguire: faceva troppo caldo. Neni parlava inglese, ma era difficile comprenderla poiché di ogni parola non pronunciava che le prime tre lettere.

Nell'estremo nord della Birmania è da sempre tradizione agghindarsi il collo con dei bottoni attaccati a un filo. E in generale da quelle parti era possibile imbattersi in visioni indescrivibili, come per esempio questa che ho provato a disegnare. Purtroppo però non ebbi modo di spingermi oltre i confini della città, perché pare che lì imperversassero i ribelli. La periferia di Rangoon è la più bella che conosca: c'erano laghi, fiori e un'autentica foresta tropicale. I colori erano di una purezza assoluta. Gli specchi d'acqua davano vita a piccoli canali lungo i quali si ergevano casette marroncine di canne e bambù; le abitazioni poggiavano su pali ed erano perlopiù delimitate da tre sole pareti. L'invisibile quarto muro apre la vista sulla vita domestica dei birmani.

In giro per città si vedono tanti indiani quanti birmani. Ai lavori manuali sono preposti soprattutto i primi. Per esempio mi è capitato di vederli affaccendarsi in cima a un'impalcatura di canne di bambù e corde di iuta: stavano costruendo un palazzo di uffici in cemento armato. Cemento a parte, però, c'era sempre l'Estremo Oriente. A volte si manifestava nella forma di uno strano pinnacolo svettante da un tetto, altre negli aromi e nei profumi portati dal vento. In passato, al tempo dei sovrani e delle loro sanguinose lotte dinastiche, la città si chiamava Dagon. Era a quel periodo che risaliva il punto dorato che per primo avevo visto dal cielo: la Pagoda Shwedagon, una delle esperienze più indescrivibili del mio intero viaggio.

È una torre d'oro, cui si arriva tramite scalinate coperte che salgono da tutti e quattro i punti cardinali. Alla base di ogni scala ci sono due feroci cani di pietra che con il loro cipiglio quasi ti strappano via le scarpe dai piedi.

Sui gradini d'ingresso si possono comprare cani d'argento dall'aria perfida e fiori come offerte votive o

come souvenir. Quando il caldo aumenta e la luce si fa accecante, allora vuol dire che si è giunti in prossimità della cima. Lassù è come su Marte. Tutt'intorno campeggiano forme bizzarre, torrette e statue di Buddha. Si scivola a piedi nudi su una superficie bianca e lucida, passando di tempio in tempio e facendo il giro della base della torre. Questa quasi non si vede per via di tutte quelle torrette; solo inforcando gli occhiali da sole e guardando dritto all'insù la si scorge stagliarsi nel cielo. Senza occhiali è impossibile posarvi lo sguardo. Si dice che la punta sia tempestata di pietre preziose.

Lo spiazzo bianco antistante i templi è gremito di fedeli inginocchiati in preghiera, perlopiù donne. Tutto è solenne e silenzioso. I cani non si azzardano ad abbaiare, nemmeno quelli in carne e ossa. Molti tra loro stazionano in questo luogo sacro per scampare alla padella. Nel santuario però non trovano granché da mangiare e sono degli scheletri ambulanti, ma cosa non si fa per salvare la pelle…

In mezzo ai templi è appesa una campana che annuncia le varie ricorrenze.

La seconda notte dell'anno mi misi addosso ogni oggetto minimamente pesante e mi infilai in testa il berretto della sedicesima divisione di cavalleria. Lili mi fece indossare al volo anche un *longyi* giallo sopra i pantaloni e mi schiaffò in mano un parasole.

A mezzanotte e mezza venne a prendermi la jeep dell'aeroporto. Alle cinque atterrò Timm Bolte, il *globetrotter* di Düsseldorf. Scese dall'aereo con l'aria di un habitué dei cieli. Timm ci sa proprio fare in questo genere di cose.

Non credevo che ci sarebbe riuscito. Una settimana prima aveva a malapena i soldi sufficienti per un pacchetto di sigarette; quel giorno, invece, già stringeva in mano un biglietto aereo, tariffa bambini, per la Thailandia e Hong Kong. In occasione del nostro nuovo incontro mi regalò un'enorme pietra gialla incastonata in un anello d'argento.

Timm aveva pregato la hostess di metterci da parte due posti buoni. La poveretta doveva essere cascata come una pera cotta davanti ai suoi occhioni blu perché ci aveva riservato quasi tutto l'aeroplano. Di conseguenza il nostro fu praticamente un volo privato, fatta eccezione per un altro piccolo passeggero. La hostess ci trattò come un re e una regina, e in cambio Timm le raccontò la sua storia.

Dopo la colazione passammo sopra ad alcune onde verde scuro; l'esperienza insegna che in realtà sono montagne. Volammo per ore; sotto di noi sempre e solo giungla. Non si scorgeva alcun villaggio, niente fumo, nemmeno una tigre… solo boschi verde cupo.

Verso le dieci la vegetazione cominciò finalmente a diradarsi. In basso si estendeva un tappeto verde chiaro a striscioline blu e argento e rettangolini scuri… Tracce di vita umana! I finestrini si appannarono. Timm disse: «Togliti il berretto… Uuuhh… fa caldo lì sotto!».

Diciottesimo capitolo

In aereo si può portare tutto quel che si vuole, in stiva invece no. Per questo mi ero infilata strati su strati di vestiti, compresa la coperta di lana di Baleshwar intorno al collo. Fu così conciata che scesi dall'aereo a Bangkok. Non andai molto lontano perché faceva un caldo infernale, come se Capodanno fosse caduto d'estate. Temperatura a parte, non avrei comunque fatto molta strada, poiché già all'aeroporto cominciarono a chiedermi soldi. Timm tirò fuori i suoi ultimi risparmi, io i miei penultimi.

Quando scendemmo in centro città, iniziai a sentire ancora più caldo per l'agitazione di non sapere che ne sarebbe stato di me. Timm si diresse a nord, io a sud, perché non conviene cercare in due la stessa cosa nello stesso posto. Lui aveva un buon indirizzo e sapeva dove stava andando. Io invece non avevo un piano preciso.

Alla fine telefonai al consolato svizzero, destando non poco sgomento nell'animo del signor viceconsole. Non gli era ancora mai capitato un caso del genere. Preferiva avere a che fare con situazioni normali, le sole che il consolato svizzero era avvezzo a trattare; e inoltre la mia chiamata giungeva di sabato, all'ora di pranzo. Il signor Küenzli mi consigliò di rivolgermi al pensionato per ragazze o alla missione cristiana. Non appena mi fossi procurata un tetto sopra la testa, mi sarei potuta ripresentare da lui. Rifeci indietro la lunga strada che avevo percorso per arrivare lì e intanto non la smettevo di piagnucolare, ma senza versare lacrime: in Oriente si deve imparare a conservare sempre una certa dignità.

Un'auto si accostò, fermandomisi accanto. Un uomo bianco sporse la testa dal finestrino: «Sta cercando qualcosa, mademoiselle? Posso aiutarla?» chiese in un francese con un forte accento straniero. «Cerco il ricovero per i senzatetto.» «Mia cara bambina, qui non siamo a Parigi; comunque salga in auto, intanto.» Strano: quell'uomo era molto divertito dalla mia situazione, e rideva sempre di più man mano che gliene illustravo i particolari. Mi scarrozzò un po' in giro per la città e alla fine si fermò davanti a un albergo. Io non ci stavo ancora capendo nulla. «Alloggerà qui» annunciò. «Ma io non posso...» «Su, venga con me. Sa... mi è venuta un'idea.» Lo seguii come una pecorella va dietro al pastore. Alla reception si mise a parlottare con il direttore, un cinese. Quindi vennero a prendere la mia sacca. L'uomo andò alla cassa per pagare qualcosa. Alla fine mi fece un cenno. Lo seguii verso l'auto. «Sa, mademoiselle, presso la nostra rappresentanza abbiamo a disposizione un fondo speciale per casi simili. Di quale rappresentanza si tratti rimane tra noi, giusto? Non è che un dettaglio secondario. Oggi bisogna essere internazionali. Ecco, prenda ancora qualche soldo per il tram e le mance. Arrivederci, mademoiselle. Abbia cura di lei.» Non l'ho mai più rivisto; intanto però alloggiavo al Pacific Hotel.

Per il resto non successe granché in quel primo giorno. Faceva un caldo inverecondo. Mentre me ne stavo lì sdraiata sul letto a sciogliermi come burro in padella, pensavo a casa, alla stufa accesa, all'albero di Natale che proprio quello stesso giorno sarebbe stato disfatto. Non hanno idea di quanto sono fortunati, laggiù. Ah! Una bella bufera di neve e una stanzetta gelida... Com'è rinfrescante congelarsi...

Per un po' ci fu un ventilatore a smuovere l'aria, fino a quando non ne impattai la traiettoria con il gomito e quello cadde a terra smettendo di funzionare.

La sera incontrai Timm in centro. L'indirizzo che gli avevano dato si era rivelato un buco nell'acqua; nessuno gli aveva aperto la porta. Quindi si era insediato gratis nel pensionato cristiano per ragazzi.

Passeggiammo insieme in giro per la città; come noi, molti altri. Erano tutti incredibilmente tirati a lucido e noi due eravamo quasi i più lerci. Alle ragazze piaceva vestirsi in bianco e nero. «Sono molto carine. Vedi che mi sorridono tutte?» Io però preferivo guardare le vetrine. Timm, da parte sua, sapeva controllarsi. Io invece no, e mi comprai degli orecchini di latta. A Timm sembrava una stupidaggine. Più tardi ci prendemmo delle banane arrostite allo spiedo a un chiosco. A quel punto Timm voleva vedere il mercato galleggiante e la fossa dei serpenti, ma non avevamo nemmeno più i soldi per il tram. Le forze ci bastarono appena per riuscire a tornarcene indietro a piedi.

Il secondo giorno, mi sentivo la testa grande come un pallone, ossia avevo un tremendo raffreddore. Però la bella vita che conducevo esigeva lo sforzo di alzarmi comunque e visitare la città sacra. Mr Cheng, il direttore dell'albergo, mi accompagnò in auto fino al grande portale dalle parti del tempio di Wat Pho.

Dalle alte mura di cinta spuntavano torrette variopinte. Entrai dal portone principale. Quello che vidi è pressoché indescrivibile. Un panorama paradisiaco, lunare. Quasi assurdo. Toccai l'uomo di pietra all'ingresso: era reale.

Dapprincipio davanti a me scorsi solo colori, tutti i colori possibili e immaginabili. Poi cominciai a distinguere anche delle forme: torri, pinnacoli, tetti a punta, una marea di templi e pagode. Ogni forma conteneva innumerevoli forme; ogni superficie innumerevoli superfici. Una torretta, rivestita di migliaia di schegge di porcellana colorata, sembrava un'aiuola fiorita. E poi c'erano frotte di folletti e creature fiabesche. All'ingresso di ogni santuario vegliavano perfidi guardiani di pietra. Entrai in uno spazio altissimo dentro al quale giaceva un Buddha tutto d'oro, che dormiva il sonno più perfetto del mondo. Chiunque varcasse la soglia di quel luogo non osava parlare. Di fronte al Buddha dormiente era aperto un libro degli ospiti, pieno di nomi in una grafia illeggibile, ma pure di molti cognomi americani. Come terz'ultimo visitatore del Buddha dormiente si era registrato un certo Timm Bolte di Düsseldorf.

Continuai a vagare per quel groviglio di forme fino a raggiungere la parte più antica della cittadella, dove il tempo sognava nel più assoluto silenzio. Tra un edificio sacro e l'altro, dalle crepe del pavimento dissestato, spuntavano alberi rari e antichissimi. Di fianco ai santuari trovavano spazio massi imponenti e giardini rocciosi. Ai guardiani di alcuni portali il passare del tempo aveva rubato i cimieri di pietra.

La parte centrale della cittadella era racchiusa da mura sulle quali erano incise antiche storie: scritte dorate e immagini variopinte che narravano di uomini e draghi, di guerre ed eserciti di scimmie. Vi si poteva ammirare il re dei demoni nell'atto di rapire la moglie del re degli umani, e le scimmie guerriere che sconfiggevano i diavoli. Un tipo con quaranta braccia era intento a scagliare frecce, e un po' più avanti i cattivi venivano affogati nel fiume. Altrove rotolavano teste. Lo sfondo illustrava ciò che accadeva negli appartamenti delle donne mentre fuori infuriava la battaglia.

Timm Bolte si lanciava spesso in scorribande per la città alla ricerca di figure interessanti. A Bangkok trovò pane per i suoi denti.

La sua prima scoperta fu May, un ragazzino thailandese che possedeva una cartina della città e parlava un inglese smozzicato. Al piccolo era del tutto sconosciuta la lettera "l", ma essendo ingegnoso ci metteva al suo posto la "r"; così per esempio in bocca sua il *lift* diventava un *rift*, e la *lady* una *rady*.

Ci regalò una corsa in autobus fino al Pacific Hotel. Vicino a noi viaggiavano un paio di ragazzi con la testa rasata e le tonache gialle. Erano monaci, o aspiranti tali. Se ne vedono tantissimi per le strade di Bangkok. Timm, con i suoi occhioni blu, piacque da matti a quei giovani. Non gli staccarono gli occhi di dosso, continuando a guardarlo per un bel po', anche dopo che eravamo scesi.

Prima di partire facemmo la nostra ultima passeggiata thailandese. Con gli spiccioli rimasti comprai un casco di banane e le mangiammo per strada, arrostendole al fuoco di un simpatico venditore di *noodles*, che ci aiutò a cuocerle e ci prestò i piatti e gli spiedi. Durante il pasto, un pubblico considerevole ci si piazzò attorno sorridendo, o magari deridendoci.

Quella notte ce ne volammo via da lì. All'inizio del viaggio Timm era in vena di chiacchierare. Mi si rivolgeva in tedesco, ma se gli veniva in mente qualcosa di particolarmente acuto attaccava a parlare in inglese alzando anche il tono della voce in modo che tutti potessero beneficiare della sua arguzia.

Dopo un po', però, persino Timm Bolte di Düsseldorf cominciò a stancarsi, prese quasi a sussurrare e alla fine si addormentò.

Sorvolavamo l'Indocina. Guardai in basso e non vidi nulla, nemmeno una nuvoletta. Laggiù era notte fonda, tutto taceva, e noi potevamo continuare a volare in santa pace. Poi si riaffacciò il sole, e riaffiorò l'acqua. Vidi una linea dritta sulla superficie del mare. «Timm,» dissi «guarda là: Pietro che cammina sull'acqua!» Poi vedemmo molte isole e tanti altri Pietro.

Mentre scendevamo di quota, i Pietro divennero vele e le vele giunche imponenti che solcavano i mari.

E sotto di noi regnava un brulicare inquieto che mi sorprese. Girammo due volte sopra un'isola molto animata, atterrammo morbidamente sulla terraferma e ci ritrovammo in Cina.

Diciannovesimo capitolo

Splendevano il sole, il cielo e il mare; c'era aria in abbondanza, aria fresca e pulita, quanta ne volevi... Niente più umidità. E prima che facesse buio avevo ancora un'intera giornata per trovarmi un tetto. Avevo appena mentito all'ufficiale di dogana dicendogli che avrei lasciato il Paese cinque giorni dopo, alle dodici in punto via nave. Mi ritrovai quindi a piede libero, davanti all'aeroporto. Mi si avvicinò un uomo e mi domandò: «Lei è Miss von Arx?». «Sì.» «Il mio amico Banerjee mi ha mandato un telegramma da Rangoon chiedendomi di venire a prenderla. Sono Mr Sarin.»

È sempre bello quando vengono a prenderti. Quella volta fu superlativo.

Dall'aeroporto e dalla penisola di Kowloon prendemmo un traghetto per giungere all'animata collina di Hong Kong, un'isola che si erge nel mar Cinese Meridionale. Salimmo quasi fino in cima, a casa di Mr Sarin, a Wong Nai Chung 38. I Sarin sono indiani; Mr Sarin è il direttore della Bank of India a Hong Kong. A casa sua me la passai meravigliosamente. Mi accolsero e mi diedero una stanza, una stanza vera e propria con pareti alte fino al soffitto, una porta che, volendo, si chiudeva a chiave, e finestre dalle quali lo sguardo arrivava lontano quasi fin dove non aveva il permesso di andare. Dalla mia camera si vedeva il mare e, più in là, i monti della terra proibita.

Faceva parte di casa Sarin anche una cameriera assai devota che portava i pantaloni e una treccia penzolante sulle spalle. Fui felice come una Pasqua quando nell'appartamento scoprii un posticino dove, se si tirava la catenella, l'acqua scrosciava, e non soltanto gocciolava.

A Hong Kong comunque non erano solo le catenelle a funzionare. Lì funzionava tutto: il telefono, gli orologi, le persone, le strade. Dovetti lentamente riprendere l'abitudine a questa efficienza.

Su quell'isola ci sono grattacieli, bar, un autobus a due piani e tante altre conquiste della civiltà occidentale. Gli abitanti sono in gran parte stranieri, non cinesi; tutta gente arrivata lì su impulso di grandi aziende internazionali, o su altri tipi di impulsi…

Una sera andai a dare un'occhiata a un teatro cinese. Per tutto il tempo che rimasi a guardare non successe granché sul palcoscenico: due uomini dalle vesti fluttuanti, con le maniche che arrivavano al pavimento e dei baffi lunghi fino alle ginocchia, chiacchierarono tra di loro per un tempo infinito. Emettevano strani suoni, simili al gracidio notturno delle ranocchie. Una donna zampettava dolente su e giù per il palco, come se una presenza invisibile le stesse strizzando i piedi.

Per il resto a Hong Kong ci sono poche cose che ricordano la Cina, e di fatto non me ne interessai più di tanto, presa com'ero da un cruccio che mi occupava l'animo: da quando ero arrivata erano già inesorabilmente passati sei giorni e il funzionario della dogana si era fidato che avrei lasciato l'isola nel giro di cinque, diretta in Giappone. Vagavo e correvo dalla mattina alla sera per le strade di Hong Kong in preda all'angoscia. Tutt'intorno a me, in molti andavano di gran carriera, ciascuno dietro alle proprie magagne.

Cominciai con il far visita a un giapponese che lavorava presso una compagnia navale e gli portai la lettera del suo amico di Calcutta. Questi esortava il caro compatriota ad assistermi nei miei problemi di trasporto. Il destinatario lesse e mi disse di tornare più tardi. Nel frattempo si procurò un listino prezzi e, quando ci rivedemmo, la sua preziosa assistenza si concretizzò nella lettura delle tariffe passeggeri. Per gentilezza lo stetti a sentire, ma rabbrividii; mi accomiatai in fretta e furia e non mi feci più rivedere.

Nel corso delle mie peregrinazioni approdai alla ditta norvegese Thoresen, dove un giovanotto ebbe addirittura il buon gusto di scuotere la testa non prima, bensì solo dopo aver ascoltato tutto compito come intendessi andare a Tokyo senza un soldo. «Lei sarebbe anche disposta a lavorare per guadagnarsi il viaggio, giusto?» si informò. «Abbiamo una nave in partenza per Yokohama venerdì. Chiederò al capitano se è disposto ad accoglierla a bordo come hostess. Ma non ci faccia troppo affidamento; dipende tutto dal suo umore. Proverò a chiederglielo davanti a un bicchiere di vino.»

Ubbidiente come a volte mi capita di essere, non feci troppo affidamento sull'ipotesi del venerdì e continuai ad applicare il mio sistema bussando anche ad altre porte. Finii da un simpatico danese. «Il suo è un caso complicato…» commentò costui dopo avermi ascoltata. «Sulle nostre navi non è possibile.» L'uomo aveva però un amico che poteva fare al caso mio: Mr Springwalla della compagnia aerea CAT. Gli telefonò descrivendo con toni entusiasti la persona che aveva davanti e sostenendo l'assoluta necessità che io continuassi il mio viaggio. Nel bel mezzo della chiamata smise di sorridere, e da ciò dedussi che Mr Springwalla aveva detto di no. Ringraziai e tolsi il disturbo.

Dal palazzo accanto, in cui mi accingevo a entrare, vidi uscire Timm Bolte. Era nelle mie stesse faccende affaccendato. «Dobbiamo festeggiare questo fortunato incontro!» esclamò contento. «Vieni, ti porto in una caffetteria coi fiocchi.» «Timm, da dove esce fuori tutto questo lusso?» «Ah, se sapessi…» Andai con Timm a prendere il secondo caffè della giornata e mi raccontò tutto. Stava vivendo in una specie di bengodi: alloggiava sulla punta più alta della collina di Hong Kong in condizioni «feudali» – parole sue – presso un addetto diplomatico tedesco, e il suo anfitrione gli aveva donato dieci dollari locali, l'equivalente di due dollari americani. Una metà l'aveva già scialacquata e l'altra ce la stavamo bevendo a piccoli sorsi in quel momento.

Presto avrebbe anche fatto carriera: aveva già in programma una conferenza a pagamento nel pensionato cristiano per ragazzi e il suo nome sarebbe apparso sui giornali. Questo era il frutto della sua strategia, per la quale, in ogni nuova città in cui si recava, faceva subito visita alla redazione del secondo quotidiano locale per importanza, così da far sapere a tutti che Timm Bolte di Düsseldorf, cittadino del mondo, era lì nei paraggi.

Timm aveva ben chiaro in mente come andare in Giappone spendendo pochissimo: con una nave di linea della BI, in quarta classe. Questo lo sapevo anch'io già da un pezzo, però pure lì bisognava comunque pagare qualcosa, e inoltre in quarta classe non erano ammessi individui di sesso femminile. Assieme tentammo quindi l'impossibile, ovvero una questua dal direttore della BI. Dopo lunghe esitazioni, costui ci spiegò che, se proprio non si poteva fare altrimenti, in via del tutto eccezionale avrei potuto viaggiare in quarta classe sotto la protezione di Timm Bolte, anche se – era suo dovere mettermi in guardia – sarebbe stata un'esperienza orribile. La prima nave sarebbe partita di lì a una settimana. Timm e io cominciammo col prenotare per quella successiva due posti ponte con bagagli, a destra della porta delle cucine, se proprio non si fosse trovato niente di meglio. Nel frattempo dovevamo guadagnarci venticinque dollari (americani!) a testa. Timm avrebbe tenuto conferenze e io avrei venduto i miei quadri, oppure avrei allietato le conferenze di Timm con le mie canzoni. Passammo ore a fare progetti.

Intanto arrivò il venerdì, giorno della partenza della nave norvegese. Con le ginocchia tremanti per l'incertezza, mi presentai alla ditta Thoresen per chiedere al giovanotto cosa ne sarebbe stato di me. Vedendolo venirmi incontro, gli lessi la cattiva notizia in faccia: «Purtroppo non è cosa. Il capitano ha detto che non è di sua competenza ingaggiarla». «Crede che potrei andare a parlarci di persona?» «Provi pure; ora è a bordo della *Bonneville*.» Ricevetti un lasciapassare che mi consentì di salire sulla nave, nel porto di Kowloon. Il capitano, un tipo biondo e bassino dall'aria simpatica, si diceva desolato «per la faccenda delle competenze». Continuò a ripetere «no» per mezz'ora: no come hostess, no come passeggera clandestina, no come suonatrice di ukulele e no, neppure se in viaggio avessi digiunato e mi fossi rimboccata le maniche dando una mano di bianco ai parapetti. «...E se come garanzia le portassi una lettera del direttore della Thoresen?» «Be', allora forse sì; ma dovrebbe essere a firma di Mr Eyden in persona.»

Non l'avevo mai sentito nominare, ma cominciai a cercarlo quella sera stessa. Non era in ufficio; non era al suo club; non era più a bordo e neanche a casa, nel vialone in cima alla collina, al civico 87, dove mi avevano detto che abitava.

Presi l'ardita decisione di attenderlo al buio davanti casa per poi piombargli addosso con la mia richiesta di scrivermi una bella letterina. Se l'avessi ottenuta prima di mezzanotte avrei fatto in tempo; la nave sarebbe salpata soltanto l'indomani mattina alle cinque. Un uomo bianco stava aspettando qualcuno o qualcosa all'angolo della strada. Forse è lui, pensai, e attaccai bottone domandandogli la via migliore per salire sulla collina. «Non saprei, *mylady*, anch'io sono forestiero. Però, se può attendere un attimo, tra poco arriverà un mio amico e potremo portarla su noi in macchina.»

L'amico arrivò e acconsentì a darmi un passaggio. La corsa durò un bel po', lasciandoci il tempo di conoscerci. L'uomo al volante si faceva chiamare Andy; era palesemente più vecchio di me, ma a Hong Kong ci si sente subito in famiglia, se si proviene dallo stesso continente. I due erano olandesi. Andy era curioso di sapere cosa avessi in mente di fare lassù in cima. Era un tipo molto simpatico, e così gli narrai la mia storia nei minimi particolari. Ero seria mentre raccontavo, eppure Andy continuava a ridere; rideva del mio progetto di imboscata e di tutto il resto; non la smetteva più. Si scompisciava anche l'altro e alla fine pure io mi ritrovai a ridere di me stessa. Ci spanciammo per tutto il tragitto. Non so più neppure se ci feci caso, ma oltrepassammo il civico 87 e ci fermammo davanti a un'altra villetta.

«Entri pure» mi invitò Andy. «Mi sa che oggi è la sua giornata fortunata.» Chissà perché, poi, mi dicevo mentre varcavo la soglia.

Andy viveva sull'estrema sommità della collina; da casa sua si godeva di un panorama splendido.

Mentre lui telefonava nella stanza di fianco, io e l'altro uomo stavamo alla finestra a osservare il mare di luci sotto di noi. Nel bel mezzo di quel tremolio scorreva una striscia nera: l'acqua tra l'isola e la terraferma. Dentro la striscia c'era una nave illuminata.

«Vede quella grande nave lì sotto?» mi chiese l'olandese. «È la *Tegelberg*. Domenica ci salgo per andare in Giappone; sono il capitano.» Lo guardai sconsolata; lui sorrise. «Eh già, il viaggio è molto costoso. Non posso farci nulla. Ma parli con lui, ha una grande influenza nelle decisioni della nostra compagnia navale.» Andy ci raggiunse. «Mr Eyden richiamerà non appena rincaserà. Dobbiamo aspettare, Katharina, ma andrà tutto bene, vedrà. Mi dica: cosa farebbe se non ottenesse la lettera da Mr Eyden?» «Partirei per il Giappone la settimana prossima, in quarta classe.» I due si guardarono. «No, questo proprio non deve farlo, Katharina» commentò Andy. «No, lei non sa cosa vuol dire la quarta classe... Non può proprio... È praticamente al di sotto della dignità umana.» «Non c'è altro modo, Andy. Il mio visto sta per scadere. I viaggiatori poveri fanno meglio a stare alla larga dalle autorità.» Il telefono non squillava; erano già le dieci. Mi agitavo inquieta sul bordo della sedia, pensando ai miei padroni di casa, in procinto di andare a dormire, e al mio bagaglio.

Alle undici Andy riaccompagnò il capitano alla nave. Nel mentre io rimasi in casa sua piazzata davanti al telefono, implorando che suonasse. Alle undici e mezza finalmente Mr Eyden chiamò. Sollevai la cornetta con entrambe le mani e feci un respiro profondo. Poi, d'un fiato, gli chiesi quello che dovevo chiedergli. Lui non disse molto di più che un secco «no». Lasciai cadere il ricevitore. Quando Andy rientrò, me ne stavo ancora mogia mogia davanti all'apparecchio. Lui arrivò tutto allegro e chiese: «E allora?». Gli lanciai un'occhiata e vidi che teneva in mano la mia sacca da viaggio. Lo guardai con aria interrogativa. «Gliel'ho portata io, così non deve andare a prenderla.» «Oh, Andy, ma io non parto. Ha detto di no.» «Non fa niente, può lo stesso dormire qui.»

Mi sistemai in una stanza con bagno nella casa da scapolo di Andy. Quando provai ad aprire il rubinetto vidi che non usciva acqua... La prima cosa che non funziona a Hong Kong, pensai infilandomi nel letto.

Ovviamente ben presto sentii bussare alla porta, e Andy si affacciò. «Andy,» gli chiesi «ma lei è un furbo o un brav'uomo?» «Il capitano dice che sono una volpe.» «Preferisco i brav'uomini alle volpi, Andy.» «Andy però è anche un *gentleman*, quindi... buonanotte, Katharina.» Così disse, e se ne andò.

Mi addormentai presto in balia delle mie preoccupazioni. Quando già albeggiava, sognai i flutti del mare. Mi svegliai, sentii ansimare, e vidi Andy di schiena in camera mia. Mi sfregai gli occhi e guardai di nuovo. Sentii un gorgoglio. Andy, con un pigiama dai pantaloni corti, era immerso nell'acqua. Il pavimento era allagato... C'era acqua dappertutto... Il diluvio universale in casa! «Andy!» «Eh... che bel regalo mi ha fatto! Non ha richiuso il rubinetto... Un disastro!» gridava continuando ad ansimare.

Saltai giù dal letto, nell'acqua che mi arrivava fin sopra le caviglie... Era ovunque, in tutta la casa, non si era salvato niente: il soggiorno, i tappeti, gli abiti di Andy nell'altra stanza, e tantomeno la mia sacca. Le scarpe galleggiavano sotto il letto. Erano quattro ore che l'acqua scorreva dal rubinetto. Venne fuori, infatti, che di notte la chiudevano, perché non ce n'era molta. Non potevo certo saperlo, non avendo ancora mai pernottato a Hong Kong. Era una situazione infelice, ma mi veniva da ridere guardando Andy: immergeva la camicia nell'acqua e la strizzava in un secchio. Voleva domare così l'allagamento, quello sciocco, invece di aprire semplicemente le portefinestre e far scrosciare l'inondazione fuori dal terrazzo. Per un'ora lo aiutai a far defluire l'acqua, fino a quando arrivò finalmente Fu, il domestico.

Più tardi scesi con Andy in città, dove ciascuno si dedicò ai propri affari. Era sabato mattina.

Su un palazzo di uffici lessi: «Wunderli & Co.». Suoni familiari, pensai, ed entrai nell'edificio. In quel fortunato sabato mattina, il signor Wunderli in persona sedeva alla sua scrivania al quarto piano.

Si trattava di un'eccezione tra gli svizzeri espatriati, perché trovò il tempo ed ebbe la gentilezza di ascoltarmi. Gli chiesi se a casa sua non ci fosse qualche parete con un impellente bisogno di un affresco: lui ci avrebbe guadagnato una gioia per gli occhi, e io un mezzo di trasporto. Sfortunatamente il signor Wunderli non aveva mura libere. In compenso però aveva ben altro. Mi diede due buste che per un po' misero fine alle mie pene: in quella più leggera c'era una lettera per un suo amico a Tokyo; in quella più pesante qualcos'altro. Mi sentii quasi svenire. Ringraziai e mi congedai.

Camminai e camminai finché mi imbattei in un palazzo sopra il cui portone campeggiava la scritta «CAT».

Ahah… Lì dentro lavorava Mr Max Springwalla, del quale avevo tanto sentito parlare, ma che ancora non mi aveva mai visto. Dovevo assolutamente incontrarlo.

Sulla porta del suo ufficio era affissa la targhetta: «Mr Max Springweiler».

Non servirono molte parole, capì subito chi ero. Gli parlai in tedesco e mi mostrai così allegra che ben presto lo convertii al mio buonumore. Attirato da tanta ilarità, di lì a poco arrivò anche il direttore americano. Per mera esuberanza gli chiesi che disturbo avrebbe potuto arrecare il mio peso piuma su un posto d'aereo vuoto. «Non abbiamo posti vuoti» mi rispose, però afferrò il telefono e chiamò la biglietteria di Kowloon: «C'è un posto libero per Tokyo domani? Ah… tutto esaurito… Ad ogni modo, metta il nome di Miss von Arx in lista d'attesa. *Complimentary ticket*». Poi, rivolgendosi a me: «Lo sa che andando a Tokyo si allontanerà ancor di più da casa?». «Ma mi avvicinerò all'America, che bisogna pur aver visto una volta nella vita.» «Va bene. È in lista d'attesa. Domani, due ore prima del volo, chieda in biglietteria di Mr Wang. Le consegnerà un biglietto gratuito nel caso in cui uno dei passeggeri non si sia presentato all'imbarco.»

Non aspettai le due ore precedenti il volo, bensì mi precipitai subito alla biglietteria di Kowloon. Alle undici ero già lì. «Sa, Mr Wang, vorrei davvero tanto avere la certezza di partire già domani.» Mr Wang sorrise, prese un biglietto, lo compilò e me lo diede. Si erano infatti liberati tre posti e lui aveva messo il mio nome in cima alla lista. «E se poi prima delle tre arrivassero tre persone che vogliono partire pagandosi il biglietto?

Il mio resta sempre valido?» «Lei partirà in ogni caso. Si presenti qui domani alle due con il suo bagaglio.»

A mezzogiorno mi incontrai con Andy per risalire in cima alla collina. Lo accolsi sventolando già da lontano il mio biglietto aereo. Lui sventolò a sua volta un pezzo di carta. Non fu particolarmente contento quando vide cosa stringevo in mano. Il suo foglio, infatti, era un biglietto navale, per quella domenica, sulla *Tegelberg*, in prima classe. Era un regalo. Di colpo non ero più così felice del mio volo domenicale. Disperata, mi consultai con Andy sul da farsi. «Viaggiando in nave potrebbe trascorrere dieci giorni senza doversi preoccupare di nulla» fu il suo unico commento, ma bastò perché passassi tutto il sabato a fantasticare su quei dieci giorni con un posto al sole assicurato.

Un letto comodo, cibo a volontà… Poi riconsiderai il fattore tempo: nel giro di quarantotto ore mi sarei ritrovata già a Tokyo, con dieci giorni di anticipo. Infine pensai a Timm, che non aveva nessun biglietto, mentre io ne avevo due. Come è ingiusto il mondo! C'è sempre chi ha troppo e chi non ha niente… E se però Mr Wang o Andy avessero dato a Timm il mio biglietto?

La domenica mattina alle nove si udì un mugghio sordo: la *Tegelberg* stava salpando, senza di me a bordo. La seguii con lo sguardo finché non scomparve, inghiottita dall'orizzonte.

A mezzogiorno mi recai con Andy al ristorante cinese. Lui mangiò zuppa di pinne di pescecane servendosi con un cucchiaio di porcellana. Io, per non rischiare, ordinai delle uova. In tavola però insieme alle bacchette arrivarono dei tocchetti di cibo scuri e verdastri. «Ecco le sue uova» disse Andy. Infilzai un cubetto nero con una bacchetta… Quelli del tavolo vicino mi osservavano e sorridevano. Quel cibo aveva un sapore diverso da tutto ciò che avevo assaggiato fino ad allora, ma era molto buono. Quando ebbi finito, Andy mi fece sapere che avevo ingoiato uova marce di cent'anni.

Alle quattro Andy mi diede un bacio sulla fronte. Io deglutii e salii in aereo.

Andarsene sempre via e non rivedere mai nessuno, pensavo mentre per l'ultima volta guardavo scorrermi sotto il mar Cinese Meridionale, e Andy.

Volai con una sessantina di missionari americani, e durante il viaggio ebbi modo di chiacchierare un po' del bene e del male con un predicatore.

I missionari fecero scalo a Formosa. A chi proseguiva il volo venne servita la cena in aeroporto sotto stretta sorveglianza militare. Evidentemente i soldati non erano chissà quanto severi, visto che il simpatico cameriere locale mi fece fare il bis di dessert.

Un ragazzino cinese invece mi regalò tre cartoline e per questo venne rimproverato con molta durezza da un ufficiale.

Risalita in aereo, stavo per sdraiarmi su due sedili, quando mi si presentò il pilota chiedendomi se non preferissi coricarmi su un letto.

E così dormii sulla sua brandina, mentre lui se ne stava davanti, nella cabina di pilotaggio. Mi svegliò nel cuore della notte per darmi una ciotola di zuppa. Più tardi mi destò dicendo che stavamo sorvolando Okinawa.

Al terzo risveglio, il volo era finito.

Ventesimo capitolo

Una giapponese entrò nell'aereo e indicò in slang americano ai passeggeri impauriti il percorso che conduceva alla dogana.

L'aria era freddissima, talmente fredda che nemmeno a Bangkok mi ero augurata un gelo del genere. Tirai fuori dalla sacca quasi tutti i miei vestiti e li indossai uno sopra l'altro. Nell'autobus mi avvolsi nella coperta di Baleshwar.

Per un'ora continuammo ad attraversare una città di baracche. All'alba mi scaricarono davanti a un edificio dal nome bizzarro, il Fukoku Building, e da lì fui costretta a proseguire a piedi. Cadevano sparuti fiocchi di neve e, quando non erano intente a fissarmi, le persone camminavano con la testa insaccata tra le spalle per il freddo. Gli unici che sembravano non curarsi della mia presenza erano i soldati americani; non ero la loro priorità.

I passanti indossavano noiosi abiti occidentali e gli edifici erano tutti giganteschi, proprio come da noi. Solo le mura dei palazzi di uffici però erano spesse otto volte le nostre, forse per via del suolo irrequieto su cui poggiavano.

Non appena iniziò la giornata lavorativa mi infilai in uno di questi bunker d'affari con in mano la lettera per l'amico del signor Wunderli. Si chiamava Michelson, era inglese. Quando entrai nel suo studio avvolta nella mia coperta di lana non fece una piega.

«Ci tengo a chiarire una cosa da subito: io vivo da solo. Non ha paura di venire ad abitare da me?» mi chiese. «No, Mr Michelson, è da parecchio che sono in viaggio, e in tutto questo tempo ho avuto modo di abituarmi a tante cose.» Rise. Ecco, pensai, ho subito detto qualcosa di sbagliato, ma ormai era troppo tardi. E così mi ritrovai di nuovo a vivere con un uomo. Brancolavo nella casa di Mr Michelson con la leggiadria di un elefante, e a ogni movimento mandavo in frantumi qualcosa: una volta una finestra di carta, un'altra una porta di cartone, un'altra ancora addirittura crollai addosso alla stufa. La casa era, per l'appunto, giapponese: meravigliosa, ma un po' inadatta a una della mia genia. Bisogna imparare a viverci, in un appartamento nipponico.

All'ingresso ti accoglie una domestica che arriva zampettando, bisbiglia impercettibilmente, si inchina tre o quattro volte, ti toglie le scarpe e ti infila le pantofole ai piedi. Una si rassegna. Con quelle pantofole è praticamente impossibile muovere un passo senza finire giù lunghe per terra sul pavimento incerato. Allora ti rialzi dolorante e per riprenderti dallo spavento ti appoggi alla parete… che crolla, e così ti ritrovi direttamente in giardino. Ci si guardi bene dall'appoggiarsi a un muro giapponese: le probabilità di precipitare fuori o dentro la casa portandosi dietro la porta di carta e tutto il resto sono altissime. Tra l'altro queste pareti non si possono neanche toccare troppo energicamente, altrimenti ti rimangono in mano, oppure è la mano che ci resta in mezzo.

Quando finalmente riesci ad avanzare tra le mura traballanti, capisci che se procedi a piccoli passettini – cosa di difficile attuazione per la mia persona – quelle smettono di tremare. A quel punto ti metti a cercare una porta e non la trovi: ci sono solo pareti. Spingendone una, con molta cautela e con po' di fortuna, puoi passare alla stanza adiacente. In caso contrario ti ritrovi dentro una cassa o un comò, perché in Giappone sistemano tutto dietro o lungo i muri. E, dal momento che devono svolgere molteplici funzioni, non sono semplicemente bianchi e lisci, ma traforati. Ogni muro assomiglia a un quadro, cioè a una composizione asimmetrica di rettangoli di carta, cartone e listelli di legno. Se si spinge casualmente un quadratino della parete, si apre una finestra. Ovviamente i muri giapponesi non hanno bisogno di dipinti.

In compenso ci sono delle nicchie nelle quali spesso sta appeso un *kakemono*, ovvero un'immagine circondata da scritte e incorniciata alle estremità da due bastoncini di legno tondi. In prossimità del pavimento le pareti presentano delle superfici un po' più grandi, apparentemente inutili, decorate con accenni di motivi floreali, stelle o pesci.

Le mura e quello che ci sta dietro sostituiscono i mobili. In una stanza al massimo può esserci uno sgabello che in realtà poi è un tavolo, basso però, appunto, come uno sgabello. Ci si siede a tavola inginocchiandosi per terra. Questo modo di sedere è una specie di tortura per quelli che non vi sono abituati, e mi venne da pensare che forse era per questa ragione che i giapponesi spesso avevano le gambe corte. Nelle case più raffinate sotto il tavolo si trova un buco in cui infilare le gambe. Perlomeno il pavimento è abbastanza morbido: è fatto di *tatami*, stuoini imbottiti di carta di riso. La dimensione di un vano si misura in stuoini; camera mia, per esempio, ne misurava sei.

Se facevo scorrere la parete della stanza da letto mi ritrovavo in giardino, ma, grande e grossa com'ero, non osai mai metterci piede. Gli alberi infatti erano alti più o meno quanto me, e temevo di lasciare impronte troppo profonde sulla sabbia.

In un giardino giapponese non deve crescere l'erba; ci sono solo ghiaia, arena e rocce. Un tempo era uso regalarsi per le feste dei bei massi di provenienza cinese. In quel giardino scorreva tra le lastre di pietra un ruscelletto artificiale circondato da un vero e proprio paesaggio, a suo modo completo, e però tanto minuto che avrei potuto attraversarlo da un capo all'altro in appena cinque passi.

La prima sera Mr Michelson mi propose di andare in città e cenare in un ristorante tipico. Il locale si trovava in un vicoletto laterale, alle spalle dei grandi bastioni commerciali. Di fianco all'ingresso era appesa una lanterna rossa sulla quale era dipinto in ideogrammi neri il nome dell'oste. Nel bel mezzo della sala principale scorreva un ruscello. Fummo condotti in una stanza arredata con un tavolo e un vaso di fiori nel quale, va da sé, restai impigliata.

Ci servì una geisha. Dal momento che è considerato scortese sovrastare gli ospiti seduti, entrò nella stanza scivolando sulle ginocchia. C'è da dire che anche accucciata a quel modo non ero molto più bassa della geisha in piedi, e che quindi la mia statura in Giappone mi rendeva automaticamente una persona maleducata.

Prima di tutto la donna ci diede dei tovaglioli caldi e umidi per pulirci il viso e le mani. Li adoperai solo per queste ultime, perché a volte una in viso ha un po' di colore che magari non tiene l'acqua.

Sorseggiammo del tè da meravigliose ciotole dotate di coperchio. Quando la geisha portava una pietanza non la disponeva in un posto qualsiasi, ma prestava grande attenzione all'aspetto estetico dell'apparecchiatura. Ci servì della carne disposta sul piatto in modo da formare un fiore; venne cotta allo spiedo sotto i nostri occhi con misteriosi intrugli di acqua, farina e una strana roba verde. Questi spiedini si chiamavano *sukiyaki*.

La geisha armeggiava con dei bastoncini. Pure io dovetti mangiare con bacchette di legno grezzo che venivano buttate via al termine di ogni pasto. Non ingurgitai molto, più che altro perché alle mie bacchette non rimaneva attaccato quasi niente. Accompagnammo il cibo con del vino di riso caldo versato in bicchierini di porcellana. Durante quella cena mi comportai proprio bene e riuscii a non rompere nulla.

Mentre ci serviva amabilmente, la geisha continuava a sorridere con gentilezza a Mr Michelson; e a volte anche a me. Era curata in ogni dettaglio; sulla testa le prosperava un gigantesco fabbricato di capelli, nel quale erano conficcati pettini e pezzetti di stoffa. Aveva il viso completamente ricoperto di cipria bianca, eccezion fatta per una sottile linea rossa tracciata al centro delle labbra che lasciava intuire la bocca. Anche la nuca era incipriata, perché era in vista. Davanti, invece, non si doveva vedere proprio niente.

Per dessert ci servì un dolce di fagioli di soia, che per colore e forma si sposava perfettamente al piatto laccato rettangolare in cui era sistemato. La fetta di torta non stava al centro, ma era posizionata in base ai motivi decorativi del piatto stesso. A fine pasto la geisha estrasse dal suo *obi* un astuccetto di seta contenente degli stuzzicadenti. Capì che mi piaceva moltissimo e me lo regalò. L'*obi* è una stoffa rigida che la geisha si lega addosso nelle maniere più diverse. Spesso termina dietro con un fiocco a farfalla o con un nodo. Serve a nascondere il giro vita. I saluti di benvenuto e di commiato constavano in tutta una serie di strani e ripetuti piegamenti ortogonali.

Le grandi aziende giapponesi avevano escogitato un sistema intelligente per spendere somme di denaro inutilizzate che altrimenti sarebbero state reclamate dallo Stato: si trattava dei congressi annuali, che si tenevano in località amene e andavano a beneficio di tutti i dipendenti – solo uomini, ovviamente. Anche Mr Michelson era invitato a un congresso del genere e mi portò con sé il secondo giorno della mia esistenza nipponica.

Viaggiammo per mezza giornata lungo la costa del Pacifico fino ad Atami, un centro di cure termali dove si sarebbe svolto il raduno. Ad Atami faceva quasi caldo; gli aranci erano in fiore.

Il nostro albergo, immerso nel bosco, dominava la città dall'alto; in passato era appartenuto a un principe. Ci condussero, attraverso innumerevoli corridoi, fino a una grande stanza vuota. Insieme a noi arrivarono nella sala anche un tavolo laccato e due ciotole calde, una per ciascuno, in cui ardevano braci sotto una cenere gialla. Proprio mentre mi stavo inginocchiando per mettermi a sedere, entrò la padrona di casa e prese a svestirmi. Per fortuna Mr Michelson in quel momento era da un'altra parte. La donna mi spogliò finché non rimase più niente da togliermi, poi mi rivestì con un kimono di cotone sopra il quale mi fece indossare un secondo kimono di seta ovattata. Da ultimo mi girò attorno cinque volte avvoltolandomi in un telo. Non mi si poteva guardare conciata così. Ciò fatto, mi invitò ad andare a fare il bagno; un'usanza che in Giappone si onora ogni volta che non si ha nient'altro da fare, per riscaldarsi oppure per motivi sociali: ci si incontra, per l'appunto, al bagno, anziché per strada sotto un lampione. Io durante il mio non incontrai nessuno. La signora si offrì di aiutarmi, ma le mie abluzioni sono abituata a sbrigarmele da me. La vasca era un buco quadrato nel pavimento, con del legno intorno e dell'acqua dentro. Appena vi entrai l'acqua uscì dal buco e inondò tutta la stanza. Esiste comunque uno scarico per questi casi gravi. Nel buco c'era un gradino per sedersi; ci rimasi per ore, immersa fino al collo.

A furia di stare a mollo si era ormai fatta sera. La donna tornò e mi mise addosso un kimono da festa di seta con sopra un *obi*. Nel frattempo, Michelson-san – lì lo chiamavano così – era stato infagottato a sua volta in un kimono da uomo. Di fronte all'ingresso della casa erano posizionate delle assicelle di legno, con listelli poggiati di traverso sui quali salimmo: erano le scarpe. Ci avviammo così verso il congresso. Si svolgeva in una grande sala. Eravamo disposti in lunghe file allineate lungo il muro assieme ad altri duecento uomini, ciascuno seduto al proprio tavolino. Non mangiai molto; i piatti avevano sì un bell'aspetto, ma mi facevano impressione: carne cruda e pesce crudo. A noi due – quelli strani – arrivavano da ogni direzione occhiate e sorrisi indulgenti, o affabili. Di sicuro sorridevano in modo più che affabile, quando non li vedevamo.

Dopo cena qualcuno tenne un discorso e poi arrivò finalmente il clou della serata: quella specie di geishe che fino a quel momento ci avevano servito iniziarono a danzare su un palcoscenico. Sei donne strimpellavano degli strumenti accompagnandosi con la voce. Ballavano reggendo tra le mani un ventaglio. Nel bel mezzo di questa danza innocua a uno degli ospiti venne un'idea diabolica che fu subito accolta da tutti i presenti: anche la stangona bianca lì davanti doveva partecipare ai balli.

Venni quindi trascinata sul palco a suon di applausi e fui costretta anch'io a danzare in cerchio. Erano movenze blande, non particolarmente difficili, eppure qualcosa non quadrava con la mia stazza. Vedevo dall'alto – come da una torre – le altre dimenarsi laggiù in basso. Il mio kimono era troppo corto e troppo stretto. Ogni volta che davo le spalle al pubblico tiravo il davanti e ogni volta che gli stavo di fronte lo aggiustavo di dietro. Il ballo si protrasse per un tempo infinito, sempre sulle stesse note: braccia su, braccia giù, in ginocchio, da un lato, testa piegata dall'altra, braccia su, braccia giù... Di punto in bianco però il pubblico cominciò ad applaudire e scalpitare, la musica tacque e finalmente venni premurosamente riaccompagnata al mio posto.

Terminata la mia performance l'atmosfera cambiò rapidamente. Gli uomini si avvicinarono al palco e le geishe smisero di sorridere. Entrarono due nuove ragazze e cominciarono a danzare in lunghi kimono con lo strascico. Tra una mossetta e l'altra volava via sempre più stoffa, fino a che a quelle ragazze non rimase addosso più nulla, per la gioia dei giovanotti nipponici, che non dimenticavano di guardare indietro di tanto in tanto, verso di noi. Michelson-san aveva un sorriso ammodo stampato in faccia; io sorridevo il meno possibile. Quando la misura era ormai colma, il congresso terminò.

Dopo, conciati così com'eravamo, uscimmo a fare una breve passeggiata. I nostri abiti non davano nell'occhio, ma la nostra andatura sì; facevamo fatica con quei ciocchi di legno ai piedi. Per prima cosa andammo nelle vie delle botteghe. In un negozio di stoviglie vidi piatti ovali e trapezoidali e a fianco delle tazze per la zuppa munite di coperchio.

Mr Michelson comprò dei cucchiai di porcellana verde per il suo corredo domestico e mi regalò una piccola brocca per il vino. Ogni oggetto acquistato finiva in una scatola colorata che veniva avvolta in una carta di riso a quadretti perché, si sa, anche l'occhio vuole la sua parte. In un altro negozio comprai due bambole che potevano dondolare la testa. La più lunga si poteva aprire e utilizzare come busta da lettere; la si spediva appendendole un indirizzo al collo.

Continuando a camminare arrivammo in un quartiere dove moltissime ragazze stazionavano davanti a casette ariose. A ogni ingresso c'era un registratore di cassa dietro al quale sedeva una signora attempata. Le altre erano tutte giovani e belle e indossavano kimono impeccabili; solo dal trucco in viso, assai poco nipponico, si poteva intuire che qualcosa non tornava. Quando passammo loro a fianco ridacchiarono tutte amichevolmente. Mr Michelson voleva tornare indietro, io invece no. A un ragazzo davanti a noi ne combinarono di tutti i colori: si fiondarono in tre sul poveretto, lo presero per il braccio e cercarono in ogni modo di tirarlo dentro la casetta di carta. Quel figliuolo scampò all'inferno per un pelo, senza però mai smettere di sbellicarsi. Anche a me scappò da ridere, e ancor di più quando, poco dopo, mi venne riservato il medesimo trattamento.

Al rientro nel nostro hotel di carta, sul pavimento della stanza, al posto del tavolino trovammo una montagna di coperte e lenzuola. Mr Michelson andò a parlare con la signora e questa trasformò la grande montagna in due piccole montagnole, infilandoci pure una parete in mezzo. Così mi addormentai per terra, sul mio monticello personale. Il giorno dopo, per pranzo, ci servirono occhi di pesce. Mr Michelson mangiò anche la mia porzione. La donna fissava stupita la mia ciotola vuota. Accennai allo stomaco con un'espressione sofferente. Lei capì, anche se non era quello il vero motivo... Ma come potevo spiegarle... Quella donna, evidentemente, non aveva il senso dell'orrore. Al momento del commiato mi regalò tre paia di bacchette da tavola, avvolte in carta di riso celeste... sempre perché anche l'occhio vuole la sua parte.

Sulla via del ritorno attraversammo un valico montano, lasciandoci alle spalle il mare. Il brutto tempo rendeva indistinguibili i colori. Nella foschia spuntavano qua e là rocce nere e rami spogli e dritti, proprio come in un disegno. La nebbia si insinuava nella valle e dal vuoto emergevano una dietro l'altra le montagne, dissolvendosi nei vapori in lontananza – esattamente come nei quadri giapponesi che non si possono davvero capire se non si è contemplato il paesaggio con i propri occhi. Ma ovviamente la sfortuna che sempre mi accompagna in queste situazioni fece sì che, nell'esatto momento in cui la costeggiavamo, una fitta nebbia si levasse a coprire la vetta del Fujiyama. Riuscii a scrutare soltanto le splendide pendici del monte, per il resto fui costretta a ricostruire con l'immaginazione la linea arcuata che corre fino al cocuzzolo imbiancato basandomi sulle cartoline che avevo visto in passato. Pare che il Fujiyama sia talmente sacro che un tempo alle donne era proibito salirvi. Vale la pena di andare in Giappone anche solo per ammirare quel vulcano.

Nei pressi di Hakone, vicino a un lago, sorgeva un tempio. Sulla riva s'innalzava questa costruzione di legno rosso che in seguito ho rivisto spesso nel paesaggio giapponese. Non so se abbia o meno un significato, forse sta lì solo per ragioni estetiche; si chiama *torii*.

Man mano che ci avvicinavamo a Tokyo Mr Michelson non la smetteva di lamentarsi per le cattive condizioni della strada e continuava a esortare Tavi-san, l'autista, a prestare maggiore attenzione alle buche nell'asfalto. Il buon Tavi-san però non aveva colpa per le vibrazioni, né tantomeno per le voragini che si aprivano sulla strada: era la terra che aveva appena tremato.

Con il tempo molte cose perdono la loro attrattiva; anche i Paesi stranieri. E fu proprio in Giappone, al culmine del viaggio, nel più straniero dei Paesi stranieri, che tutta quella estraneità mi venne a noia, al punto che spesso la mattina preferivo restarmene a letto e dormire pur di non dovermela sorbire. Penso che più di tutto fosse quel loro eterno sorriso a darmi sui nervi.

Quando avevo chiesto un passaggio gratuito per attraversare il Pacifico, infatti, tutti i marinai delle navi a cui mi ero rivolta mi avevano riso dietro; mi prendevano per pazza e quei loro risolini gli facevano venire mille rughette intorno agli occhi.

Uno, per esempio – si chiamava Kobuku-san –, che doveva decidere se fare o meno un'eccezione, mi chiese sorridendo cosa avessi fatto io per il Giappone. Sorrisi a mia volta, anche se non ne avevo nessuna voglia e avrei preferito alzare le mani piuttosto che gli angoli della bocca. Mi accomiatai con studiato sussiego.

A quel punto pensai che l'imperatore, il tenno, pur stando dietro a tutte quelle mura e fossati, doveva passarsela molto meglio; almeno lui non doveva vedere i sorrisetti, ma solo i crani di quelli che gli si prostravano davanti nella polvere.

Accadeva quindi, come accennavo, che mi fossi stufata di sentirmi forestiera e se non fosse stato per una certa Mrs Look, che mi buttò giù dal letto, me ne starei ancora sdraiata lì a deprimermi. Mrs Look trovava favoloso tutto quel che aveva sentito dire sul mio conto – infatti era americana – e aveva deciso che il mondo doveva conoscere la mia storia.

Informò della mia esistenza la redazione televisiva del «Nippon Times», ma qualcosa doveva essere andato storto, perché la trasmissione che avevano previsto non venne mai realizzata.

Naufragati tutti i tentativi di Mrs Look di sistemarmi gratis su un aereo, fui costretta a ripiegare su un treno per Kyoto, in infima classe, tanto che stavamo accatastati gli uni sugli altri. Prima della partenza più di qualcuno mi aveva detto che non era pensabile che io viaggiassi in quegli scompartimenti; e invece eccomi lì. Perlomeno ero in movimento. Oltretutto la strada da Edo (Tokyo) a Kyoto era un itinerario di pellegrinaggio, e quindi soffrire un po' era parte integrante dell'esperienza.

Avevo visto di peggio, e in ogni caso l'odore era del tutto umano. C'erano sì treni più veloci del mio, ma non più economici.

Il mio convoglio faceva tappa in tutte le stazioni, anche le più piccole; a ogni fermata si svuotava e subito si riempiva di nuovo, una scena che si ripeté almeno per una trentina di volte. Dopo un po' tirai fuori il mio panino dalla carta da pacchi; altri estrassero i loro prima da un fazzoletto, che chiamano *furoshiki*, e poi da una carta di riso dai motivi floreali. Alcuni acquistavano in stazione una scatolina di legno chiusa da un nastro colorato che conteneva un ottimo pasto, almeno a giudicare dall'aspetto.

A Ueno i miei dirimpettai di scompartimento comprarono una piccola caraffa di tè, che aveva per coperchio una coppetta decorata con degli ideogrammi. A un certo punto quei due scesero dal treno lasciando lì la caraffa. Avevo così tanta sete che, mentre nessuno guardava, la presi e diedi in tutta fretta una lunga sorsata. Che porcheria! Non era più tè, ma una brodaglia fredda di cenere e mozziconi di sigaretta spenti. Un saporaccio acre e amaro mi bruciò la gola e lo stomaco per ore.

I miei vicini dormivano tutti, parevano morti. Quello davanti a me se ne stava con la testa penzoloni, il mento sul petto e la bocca spalancata. Quello di fianco, invece, ronfava con la testa poggiata sulle ginocchia; di sopra c'era uno che russava… E andò avanti così finché non fu giorno nel Paese del sol levante.

Il sole sorgeva su Kyoto. Io marciavo a grandi falcate per le strade della città, non perché avessi fretta – non avevo nessuna meta –, quanto piuttosto per sfuggire al freddo. Ero andata lì soltanto per guardarmi attorno. Gli innumerevoli templi di Kyoto sono cinti da alte muraglie. Se si riesce a trovare l'ingresso cerimoniale, si accede a un grande cortile e da questo al santuario, passando per un'ampia scalinata di legno. Di solito si esce in fretta dal tempio, perché senza scarpe si gela.

I templi più belli sono quelli nel bosco, ai confini della città. Da lontano è difficile distinguerli, immersi come sono tra tutti quegli alberi, soprattutto perché gli edifici, con i loro tetti arcuati come rami di abete, sembrano essi stessi parte della foresta. Una torretta svettava verso l'alto; pareva un albero di Natale. Era molto antica, e di nuove non ne innalzano più, perché si dice che il metodo segreto per costruirle sia andato perduto nel corso dei secoli. Vicino a uno dei santuari nel bosco scorreva un ruscello che sgorgava da uno stagno. I raggi freddi del sole calante rilucevano sull'acqua, proiettandovi l'ombra di un ponticello inarcato. Fu lo spettacolo più bello della giornata. Non cercai altro. Dal ponticello mi diressi direttamente in stazione, salii in treno e tornai a Tokyo.

Il rientro si rivelò doloroso. Vagai fino alla casetta di carta in preda a vaghi sensi di colpa. Di sicuro ero riconoscente per il letto che avevo ricevuto, ma ormai era divenuto un letto di Procuste. Da un po' di tempo le cose avevano preso una strana piega. Mr Michelson era cambiato, era diventato, in un certo senso, sempre più inglese. Era da un pezzo che non lo incrociavo in casa, al massimo sentivo il rumore dei suoi passi tra le pareti. Si faceva portare i pasti in camera e al posto della sua compagnia mi offriva quella del cane, Jimmy-san, che in effetti gli assomigliava.

Non capivo perché si comportasse così. In fondo avevo sempre mangiato senza far rumore e ringraziato a gran voce. In casa non avevo fatto cadere niente ed ero sempre stata gentile, anche se la gentilezza non per tutti ha un valore concreto. Forse era per colpa del buco nella parete di carta; ma solo quello in alto mi pesava sulla coscienza: quello in basso era opera di Jimmy-san, che una notte aveva attraversato il muro per venire a trovarmi.

Sfortuna volle che la mattina in cui tornai da Kyoto incontrassi Mr Michelson sulla soglia di casa; e lì finalmente emersero le ragioni del suo malumore: tutto solo perché non sono un uomo… La solita solfa. «Lei mi capisce, no? Una donna, in casa mia… Se lo venisse a sapere mia moglie in Inghilterra…» Dovevo trovarmi un altro alloggio. Non misi nemmeno piede nella casetta, girai i tacchi e me ne tornai in città alla ricerca di un nuovo ricovero e di un posto in nave. Cominciarono a cadermi sulle spalle piccoli fiocchi di neve.

Mrs Look era dell'idea che non dovevo cercarmi un letto, ma del denaro, perché grazie ai soldi si può smettere di cercare. Mi accompagnò dalla sovrintendente del Club dei soldati americani. Lì si convenne che avrei tenuto una presentazione di arte pittorica per le truppe, ovvero avrei dovuto piazzarmi tutti i giorni davanti a un cavalletto nel bel mezzo della sala di ricreazione e spennellare in pubblico colori a caso su una tela. Se i soldati avessero chiesto cosa stavo dipingendo, potevo rispondere: «Arte contemporanea. Dieci dollari al quadro».

Per gettarmi nell'impresa dovevo però aspettare che i militari ricevessero la paga mensile, il che non sarebbe accaduto prima di due settimane. Per sopperire a quel periodo di disoccupazione Mrs Look mi procurò un altro incarico: un ritratto a olio del bambino di una sua amica e vicina. Ovviamente Mrs Look non aveva idea dei guai in cui mi stava cacciando con quella commissione. Non le potevo certo dire che fino a quel momento mi ero specializzata in mele e teste, a carboncino, e non in bambini a figura intera, a olio. Non mi salvò nemmeno il fatto che non avevo con me i colori adatti, perché l'amica possedeva un intero equipaggiamento artistico. Non avevo altra scelta…

Angosciata e con la tela sottobraccio, mi misi alla ricerca dell'abitazione dell'amica presso Omori. Gironzolai a lungo, perché in Giappone è un'impresa ardita trovare una casa sulla base dell'indirizzo. Non ci sono strade, infatti, né numeri civici. Un indirizzo nipponico è piuttosto una descrizione storica della zona in cui si trova l'edificio. Ma proprio quando ormai speravo di non trovarla scorsi di fronte a me un'indicazione che mi mostrava la via.

Tanto per cominciare con la tortura, il bimbo biondo doveva essere ritratto con un kimono. Decisi quindi che sarebbe stato in piedi, per evitare di dover riprodurre tutti quei drappeggi tanto ostici per un pittore. La madre scelse come sfondo una parete giapponese piuttosto arzigogolata. Suggerii timidamente di fare due quadri: uno del bambino e un altro dello sfondo, ma non capirono; volevano prendere due piccioni con lo stesso dipinto. Infine mi avventurai verso l'inevitabile e cominciai le due tele in una.

La seconda volta mi persi anche senza volerlo, perché la zona aveva improvvisamente tutt'altro aspetto. La notte prima aveva nevicato e uno spesso manto aveva ricoperto tutte le casette di carta. Camminai per ore affondando nella neve, senza sapere nemmeno se stessi procedendo o meno su una strada. In compenso il Giappone imbiancato era stupendo: immaginatevi i tetti arcuati innevati, gli alberelli nani con i loro rami orizzontali, il ruscelletto e le rocce nei giardini.

Ore dopo ritrovai l'indicazione seminascosta dalla neve e quindi, finalmente, la casa. Appena mi vide, il bambino corse a nascondersi terrorizzato. Lo trascinarono da me che aveva ancora la voce rotta dai singhiozzi. Le lunghe sedute erano aspre battaglie per far sì che lui stesse in piedi e a me non cadesse il pennello dalle mani. Il ragazzino era quasi sempre in lacrime e io fradicia di sudore. Alla fine, quello che ne venne fuori fu effettivamente il ritratto di un bimbo in kimono. Lo sfondo era discutibile, ma il pargolo era più che passabile. La madre era molto stupita dalla somiglianza; quanto a me, nonostante mi sforzassi di non darlo a vedere, ero meravigliata anche più di lei. La signora si limitò a farmi notare che il giovinetto del quadro aveva uno sguardo un po' piagnucoloso... il genio dell'artista! Il compenso non fu granché; «Sa, c'è tanta concorrenza» mi dissero.

La concorrenza nasceva da una nuova tendenza americana, detta «*Everybody is an artist*». Si tratta di un procedimento, messo a punto e divulgato da un eccentrico pittore, grazie al quale chiunque è in grado di sfornare un dipinto a olio. Si compra una tela sulla quale sono già stati tratteggiati dei settori numerati. Questi devono essere riempiti con i colori corrispondenti ai numeri. Se si osservano per bene le istruzioni e si seguono accuratamente le linee, il risultato è un quadro a olio naturalistico.

Bello, per carità, però una vera rogna per i pittori diplomati. Il compenso per il mio dipinto da accademica non bastava né per un biglietto navale, né per un nuovo alloggio, quindi mi ci comprai due bamboline e un kimono.

Con i pochi spicci che rimanevano mi concessi un pomeriggio al teatro kabuki. Ogni recita durava sette ore e io fui l'unica spettatrice nell'intero teatro a resistere per tutto quel tempo. Ero seduta su in alto, in fondo alla piccionaia. Il pubblico intorno a me andava e veniva, parlava e mangiava, mentre giù, sul palco, gli attori, piccoli come pulci, non si fermavano un attimo. Un canto saliva da dietro le quinte, ma non saprei dire se fossero voci maschili o femminili.

Eseguirono quattro pièce teatrali diverse. Nella prima c'era un ragazzo cattivo, nella seconda una ragazza cattiva. Nella terza due amanti affrontavano assieme la morte. La quarta era una storia di procioni: un giovane procione maschio travestito da uomo voleva sposare un'umana. Il piano però non andava in porto perché, facendo salti di gioia, l'animale si dimenticava di nascondere la coda. Infine ballarono. Osservai le danze tra la pennichella e il sonno. Era stato bello, ma grazie a dio stava finendo.

Tra una cosa e l'altra era trascorsa una settimana, e quindi era giunta l'ora di andare a chiedere a Mr Trewman della Dodwell & Co. se per caso si fosse liberato un posto nella lista passeggeri di una certa nave *Tungus*. «Ancora niente. La nave attualmente è a Kobe. Provi a tornare tra quattro giorni» mi spiegò.

Nel frattempo continuavo a guardarmi intorno in cerca di un altro alloggio, ma non trovavo niente e così ogni sera tornavo piena di sensi di colpa alla casetta di carta e dormivo in quel letto inospitale.

Ed ecco che il 27 gennaio a pagina tre del «Nippon Times» lessi che avevo fatto il giro di mezzo mondo in autostop e una volta mi avevano persino trascinato in un harem. Di fianco alla mia foto la didascalia recitava: «La sua più grande pena è la nostalgia di casa», il che peraltro non era falso, anche se quella riga non avrebbero dovuto pubblicarla, perché i sentimenti non devono per forza esser dati in pasto alle folle.

Dopo qualche giorno ricevetti la lettera di un professore tedesco che si era imbattuto nell'articolo. Si inchinava davanti a me per iscritto e mi apriva le porte di casa sua a Hokkaido per tutto il tempo che volevo. Io però ero ormai rosa dalla nostalgia, e una puntata a Hokkaido significava deviare di parecchio rispetto al tragitto che mi avrebbe riportata a casa. Scrissi al professore che se non avessi saputo come proseguire il viaggio sarei andata volentieri a trovarlo, ma alla fine non ci riuscii, perché le situazioni riescono sempre meglio di me ad andare dove vogliono. E io con loro.

Per la seconda volta si era messo sulle mie tracce Timm Bolte di Düsseldorf. Anche lui aveva passato le sue avventure. Era arrivato in Giappone in nave da Hong Kong, cominciando il viaggio sul ponte e proseguendolo in cabina grazie a una protezione che si era conquistato a bordo. Si dà il caso infatti che Timm sia un buon compagno di bevute, una caratteristica che, nel caso degli uomini, può rivelarsi una virtù. Ciononostante il capitano era riuscito ad azzeccare comunque la rotta del mar interno di Seto e Timm era sbarcato a Kobe. Lì era andato a presentarsi alla stampa locale, ricavandone duemila yen. A dispetto di quello che sembra non è così tanto, ma perlomeno ci si può comprare un biglietto del treno. Poi era andato a Kyoto, dove gli avevano raccontato che in quei giorni era stata vista aggirarsi per la zona una bizzarra creatura in pantaloni coi capelli corti. Sia come sia, era arrivato a Tokyo e voleva incontrarmi. Al nostro *rendez-vous* aveva invitato anche la stampa. Quando gli andai incontro commossa, venni accerchiata da fotografi spietati ed esaminata da una decina di reporter. Per tutta la durata dell'interrogatorio continuarono a piovere flash, e dallo spavento feci delle facce orribili. Dovetti ripetere la mia storia da capo a ogni giornalista e tutti mi chiesero le ragioni che mi avevano spinta a intraprendere quel periplo. Me ne inventai ogni volta una diversa parlando a ruota libera. Ero talmente sgomenta che di fronte al secondo reporter non mi riusciva più di ricordare ciò che avevo raccontato al primo. In quattro ore fornii dieci motivazioni diverse del mio viaggio, alcune profonde, altre meno.

Anche Timm aveva ricevuto un trattamento simile, ma lui fece ricorso ai suoi ideali di unione tra i popoli e fu ben più abile di me. Con parole toccanti aveva comunicato alla stampa la sua nobile visione del mondo, fatta di fratellanza e democrazia globale.

Ricevetti da ogni giornalista un biglietto da visita stampato in modo leggibile su un lato e illeggibile sull'altro. Alla fine io e Timm rimanemmo soli in una sala da tè di Tokyo. Bevemmo tè verde e mangiammo splendidi dolcetti. Timm parlava di natura e di falò. Mi osservava senza vedermi, il suo sguardo mi oltrepassava, superando anche le pareti alle mie spalle: «I mari del sud… Bali… il Borneo… andrò dappertutto. La natura incontaminata, senza Coca-Cola e calze di nylon… Attraverserò le foreste vergini e mi siederò ai falò dei selvaggi». A quel punto mi piantò gli occhi addosso: «E tu? Stai correndo in giro per il mondo e non hai visto niente, al massimo un po' di altre civiltà. Perché sei qui? Non senti il richiamo dei luoghi selvaggi?». Non avevo molto da dire in proposito. Timm aveva ragione: di ogni Paese avevo visto suppergiù i posti più brutti e l'umanità più belluina.

Gli spiegai che esistono due tipi di esseri umani e che io, nonostante me ne andassi in giro in pantaloni, non volevo vivere in quel modo tutta la vita. Allora Timm mi confessò che ormai da tempo non era tanto il mondo che desiderava… ma me, solo me. Timm il girovago fu assalito all'improvviso da un impulso domestico e mi fece la domanda per la buona e la cattiva sorte. Lui era convinto di aver dissimulato a meraviglia, ma io avevo intuito da tempo la piega che stava prendendo la situazione. Gli dissi di no. Ci intristimmo entrambi. Non ho mai più avuto sue notizie. Ha smesso di seguire le mie tracce. Chissà che fine ha fatto…

Il giorno dopo la mia storia era finita un po' dappertutto sulla stampa nipponica. Vidi foto orrende di me stessa, ma ignoravo cosa ci fosse scritto sotto; qualcuno mi spiegò che si doveva leggere da destra verso sinistra. Perlomeno mi mostrarono dove cominciava e finiva il mio nome.

Grazie a quegli articoli conobbi Paula. Era sposata con un ufficiale americano, ma prima abitava a Vienna. Grazie a lei e al marito incontrai la loro amica Käthe, a cui era toccato lo stesso destino di Paula e consorte. Una sera i quattro mi invitarono a cena e poi a una partita di pallacanestro.

La compassione li indusse a deplorare le mie scarpe. Una volta erano di vernice, ma le indossavo ormai da sette mesi e tutte quelle calure, quelle gelate e quelle piogge le avevano profondamente mutate. Con la neve, poi, erano divenute due spugne, e così una sera le avevo messe ad asciugare in una pentola. La mattina dopo le trovai rimpicciolite di cinque numeri. Le portavo lo stesso, perché indossandole si dilatavano, anche se a spese della pianta centrale, che non c'era più. Paula mi regalò un paio di calzature nuove, ma da battaglia. Non erano propriamente belle e mi facevano sembrare parecchio strana. In seguito le regalai a una donna dai piedi piatti.

Una volta Käthe mi chiese se l'alloggio in cui stavo fosse di mio gradimento. Mi disse: «Si ricordi che se non avesse più dove stare noi saremmo ben felici di ospitarla». Udite queste parole mi precipitai tutta contenta da Mr Michelson e gli comunicai che finalmente levavo le tende. Il suo viso tornò radioso come un tempo.

Solo a quel punto domandai a Käthe se davvero potevo stare da loro. La poveretta si spaventò e balbettò: «In realtà non si starebbe tanto bene, sa... casa nostra è così piccina, non c'è poi tanto spazio...».

Faceva un freddo cane. Passeggiai per un po' su e giù per la strada. Quando dei ragazzi cominciarono a guardarmi, mi diressi alla stazione. Quel clima mi era diventato insopportabile. Alla fine mi avviai tutta mortificata verso la casetta di carta. Quando lo pregai di potermi fermare lì per un'ultima notte, Mr Michelson non era più tanto radioso. Mi lasciò entrare, afflitto, mi augurò la buonanotte e sparì nelle sue stanze. La mattina dopo trovai una lettera davanti alla porta:

«Sono partito per Kobe. Le auguro buona fortuna per il prosieguo del viaggio. Il suo Thomas Michelson.»

La cuoca pechinese anziana e piccolina, che fino a quel momento mi aveva sempre trattato con grande gentilezza, si presentò da me sbraitando e mi cacciò di casa. Era una domenica triste e glaciale. Se pensavo alla mia situazione, mi sentivo gelare ancora di più. Lasciai il bagaglio in stazione e, spazzolino alla mano, mi misi alla ricerca di un letto. Pensai che forse al Circolo dei giornalisti si sarebbe affacciato qualche volto conosciuto, quindi mi fermai lì per un po', anche per via della stufa. Non passò anima viva. Non potevo andare al pensionato cristiano per ragazze, perché i cristiani sono cari; i buddhisti sono molto più economici.

Sul calare della sera mi recai quindi da questi ultimi, in un tempio molto lontano, ai margini della città. Ci viveva un monaco che parlava inglese. Mi intrattenni con lui per due ore sugli argomenti più disparati, perlopiù mondani, e in particolare sull'arte. Mi mostrò due preziosi *kakemono*. Mi sperticai in lodi, ma non bastarono a farmeli regalare.

Infine, quando cominciammo a parlare di religione, mi ricordai di me stessa e gli chiesi se potevo passare la notte nel tempio. Sulle prime fu alquanto sgomento, ma alla fine mi concesse di restare. Dormii tra quattro pareti scorrevoli, sul pavimento rivestito di coperte. La moglie del monaco mi portò un kimono da usare come vestaglia e camicia da notte.

Stesa lì per terra sentivo un certo freddo, e di tanto in tanto fui costretta a intervallare il sonno con un po' di ginnastica estemporanea.

La mattina successiva, quando mi congedai, la donna mi donò due belle bamboline. Mi vergognai perché non avevo niente con cui contraccambiare; non potevo certo regalarle il mio spazzolino da denti!

Mentre mi dirigevo risoluta in città sentivo il ghiaccio scricchiolare sotto le mie scarpe da battaglia. Ci deve pur essere un modo, pensavo. Se domani non spalo carbone in una nave nel bel mezzo del Pacifico, allora me ne vado dal professore tedesco di Hokkaido e ci resto per tutta la vita. Mi fiondai spedita da Mr Trewman della ditta Dodwell & Co.; era la mia ultima speranza. «Ormai è diventata famosa, Miss von Arx.» «Finire sui giornali non vuol dire avere un biglietto in mano, Mr Trewman.» «Miss von Arx, ci deve pur essere un modo. Segua alla lettera le mie istruzioni: vada al Tenno Hotel e chieda di Mrs Bergen, che è una cara vecchia signora norvegese. Alle undici vada con lei, sulla nostra auto, al porto di Yokohama. Lì è ormeggiata una nave della compagnia Wilhelmsen, la *Tungus*, che parte stasera per San Francisco. Si presenti con Mrs Bergen al capitano e gli domandi se la prende a bordo come hostess. Mrs Bergen è una passeggera della stessa nave e metterà una buona parola per lei. È una donna influente perché è amica della famiglia Wilhelmsen. Buona fortuna.»

Feci esattamente come mi era stato indicato. Mrs Bergen era un'anziana signora tanto amabile e un giorno spero anch'io di diventare come lei. Conosceva la signora Wilhelmsen tramite il Circolo femminile norvegese. Le diedi una mano a chiudere le valigie e montammo in macchina.

Durante il tragitto mi lanciava continue occhiatine: «È così pallida» diceva. Lei pure era pallida e in un'ora si fumò un intero pacchetto di sigarette, cosa che normalmente non faceva mai. Ne accendeva una, dava solo un tiro e poi la buttava dal finestrino. Dal canto mio, non la smettevo di ciancicare chewing gum, e anche questa era una cosa inedita.

Era mezzogiorno quando arrivammo di fronte a quella nave altissima. Mrs Bergen mi posò la mano sul braccio: «Andrà tutto bene, figliola, coraggio».

Quando entrammo nella cabina del capitano, la donna cominciò a parlargli in norvegese. Lui scuoteva la testa... Dovetti poggiarmi a una sedia, le scarpe da battaglia non ce la facevano più a sorreggermi. Il capitano si rivolse a me: «Mi dispiace, ma se l'assumo come hostess, in America non potrà scendere dalla nave». Abbandonai sconfortata le mani sul tavolo. A quel punto si alzò un uomo che fino a quel momento se n'era stato seduto zitto in un angolo: «Capitano, un passeggero ha appena disdetto». Poi mi chiese: «Posso vedere il suo passaporto?». Sì, il visto era a posto. Il capitano uscì. «Sono l'agente della Dodwell a Yokohama» mi spiegò l'uomo, aggiungendo poi: «Non dica nulla quando il comandante rientrerà; li conosco, questi norvegesi». Mrs Bergen sorrideva pallida e tremante... Era in ansia per me. Il capitano tornò: «Può procurarmi una lettera di Mr Trewman nella quale garantisce per lei?». «Nel frattempo io comincio ad avvisarlo» mi gridò dietro l'agente, mentre già mi avviavo a Tokyo per la via più rapida.

«Si passano la patata bollente di mano in mano, ma alla fin fine qualcuno dovrà pur prendersela» commentò Mr Trewman. La stessa segretaria che una volta aveva provato a tenermi lontana dal suo capo, ora dovette redigere una lunga lettera indirizzata al capitano e compilare un biglietto navale, dov'era scritto: «Prezzo come da accordi». Quando Mr Trewman mi mise in mano quel pezzo di carta ero senza parole. «Buon viaggio… e in cambio ne parli alla stampa.» Mi ritrovai di fronte alla sede della Dodwell & Co. di Tokyo con gli occhi umidi; non se ne accorse nessuno.

Nel treno da Tokyo a Yokohama mi allargai su otto sedili: ero l'unica passeggera della prima classe.

«Va bene» acconsentì il capitano dopo aver letto la lettera. Non mi succedeva da parecchio, ma in quel momento ebbi l'istinto di saltargli al collo e abbracciarlo forte. Mi trattenni, sapendo che l'avrei solo spaventato… Per quel che ne so, i norvegesi non sono così espansivi in simili casi.

Arrivò uno steward e portò il mio bagaglio nella cabina n. 6.

Scrissi poi in fretta e furia alcune lettere alla stampa giapponese per raccontare della mia fortuna.

Quella notte non riuscii a chiudere occhio: troppe cose belle tutte a un tratto. Ancora non ci potevo credere. Continuai a rigirarmi inquieta nel letto fin quando la nave non salpò. Ogni tanto facevo un nodo alla camicia da notte, mi infilavo la giacca e uscivo sul ponte.

Mulinelli di neve turbinavano trasportati dal vento. I marinai andarono avanti fino all'alba a caricare a bordo enormi tonni, perché, tra le altre cose, eravamo anche una nave cargo. I pesci erano congelati e, precipitando nella pancia di quella gigantesca imbarcazione, scricchiolavano rumorosamente. Uomini dai visi piatti affondavano tra i tonni; gli ultimi volti davvero stranieri.

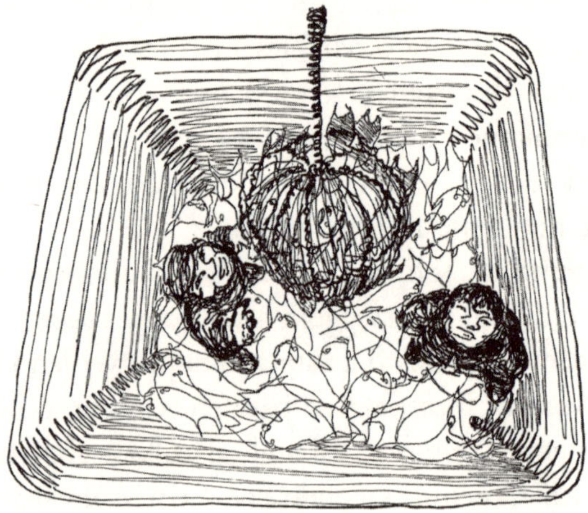

Mentre facevo colazione sentii un grosso boato: levavamo l'ancora dall'Estremo Oriente. Stavo viaggiando in nave! Dovevo essere un caso decisamente atipico nella storia della navigazione!

Ventunesimo capitolo

La traversata durò due settimane. In realtà avremmo dovuto impiegare due giorni in meno, ma il capitano deviò la rotta a sud perché pare che le acque a nord fossero un po' agitate. Non mi diede alcuna noia: avevo una cabina completamente attrezzata tutta per me. Stavo sotto la doccia per ore, per fare scorta, e per lo stesso motivo mangiavo a quattro palmenti. Una volta, a pranzo, il capitano annunciò alla tavolata che stava cercando un'isola su cui far sbarcare una certa passeggera, perché il cuoco gli aveva comunicato che le provviste cominciavano a scarseggiare. Un'altra volta mi chiese se davvero credessi di poter continuare a vivere a scrocco sulla nave: «Domani la appendiamo a una corda e la caliamo con un secchio di vernice sulla murata; vogliamo una bella sirena dipinta sulla prua, come si usava una volta!».

Ascoltate queste parole sferzanti, per tutta risposta rubai un pennello e un secchio di pittura bianca dalla sala macchine e con questi sgattaiolai in coperta dove, col favore delle tenebre, cominciai a dipingere tutto il ponte – non la murata, perché il mare sotto era un po' agitato. La notte era nera e cattiva. Riuscivo a vedere solo il secchio e la punta del pennello, con cui perforavo l'oscurità. Tracciai una linea bianca, il braccio della mia sirena. Mentre lo osservavo compiaciuta, si dissolse come fumo di sigaretta nell'aria. Pioveva acqua dall'alto e altra ne saliva schiumando dai lati. Il pavimento era instabile e a tratti tanto gibboso che fui costretta ad aggrapparmi al secchio. Si rivelò un appiglio illusorio e, alla prima ondata, finì per rovesciarsi a terra insieme a me. Il colore si sparse su tutto il ponte e sulla sottoscritta come un fiume denso. Riuscii in qualche modo a riemergerne e andai a dipingere una sirena di cinque metri dal lato opposto, proprio sotto gli oblò del capitano.

L'ondina spiaggiata causò maretta a bordo. Dalla mia cabina li sentivo camminare su e giù, ridere e vociare. Alle tre del pomeriggio il chiasso era tale che non si riusciva più a dormire. Quando mi affacciai nel corridoio ancora mezzo addormentata, mi si parò di fronte Mrs Miller tutta agitata: «Devo mostrarle una cosa. Presto, venga con me!». Mi trascinò fuori, ma il ponte era appena stato riverniciato di nero... Una di noi doveva aver sognato...

Dalle parti delle Hawaii, quando il mare si fu calmato, lessi un libro sul Giappone che diceva cose molto diverse da quelle che avevo vissuto io. Non saprei proprio chi dei due mentisse, se il libro o io...

Tra i dodici passeggeri della nave figurava una missionaria che viaggiava con la figlioletta adottiva di quattro anni; portava le trecce e una gonna pudica che la copriva fin sotto il ginocchio. Raccontava spesso di quanto fosse bella e nobile l'India. Una volta mi azzardai a obiettare che io ero ancora tormentata da qualche ricordo tutt'altro che nobile di quel Paese. «Non c'è da stupirsi» mi spiegò. «Lei, con quei suoi capelli corti, in India... Come potrebbe mai rispettarla un indiano? E con i pantaloni poi... Lei era uno schiaffo in faccia alla sensibilità morale di quel popolo. Io lo conosco bene, il Paese, sono stata in missione laggiù per otto anni.» Non seppi cosa risponderle, temendo che in fondo avesse ragione.

Un altro passeggero si chiamava Samy, dodici anni. Mi fotografava spesso, non perché gli piacessi, ma nel caso un giorno diventassi famosa, diceva. La madre di Samy indossava trentadue braccialetti d'argento. Io ne avevo due azzurri, che le facevano gola. Cercai di regalarglieli, ma invano... Fui costretta, ahimè, ad accettare dieci dollari in cambio, nonostante continuassi a spiegarle che quella cianfrusaglia cerulea non valeva un soldo bucato.

Dopo l'undicesimo giorno di navigazione cominciammo a sentire alla radio i notiziari da New York. A quel punto gli altri passeggeri si incontravano solo durante i pasti. Il resto della giornata erano impegnati a fare le valigie. Io preparavo la mia sacca, che nel corso dei mesi era diventata quasi un saccone.

Man mano che ci avvicinavamo a terra la paura dello sbarco s'impadroniva di me. Tutti i passeggeri avevano un qualche consiglio da darmi; la missionaria mi raccomandò al buon Dio, ma non so quanto fossi raccomandabile; Mrs Bergen mi suggerì di tenere una conferenza presso l'Associazione donne americane. La quattordicesima notte la passai all'aperto, sulla prua della nave, a contemplare il buio. Chiesi dubbiosa al capitano se davvero in quell'oscurità fosse in grado di trovare San Francisco; in effetti ci riuscì.

Un'auto stava percorrendo il Golden Gate quando noi ci passammo sotto, e non accennò neanche a fermarsi. Il primo edificio che vidi fu la prigione. Era su un'isola, illuminata e grande quanto una città. Sull'altro lato invece, svettavano all'orizzonte piccole scatole di fiammiferi in verticale, dette anche grattacieli.

La comparsa a bordo dei funzionari dell'ufficio immigrazione fu all'insegna della serietà e della solennità. L'uomo che mi consentì di immigrare aveva i capelli bianchi e un volto spensierato. Per tutto il tempo temetti che mi chiedesse quanta valuta avevo da dichiarare, ma per fortuna non lo fece.

Ventiduesimo capitolo

In quel continente, una buona volta, riscoprii il piacere di essere trattata come un essere umano pensante, e non esclusivamente come una creatura femminile, senza tuttavia passare inosservata. «*Hello, honey!*» mi sentivo chiamare da destra e sinistra... Erano gli scaricatori del porto, uomini bianchi che portavano dei carichi pesanti... Dopo quei lunghi mesi mi parve incredibile. Sorridevo a tutti indistintamente.

Mi ero liberata di ogni peso. Avevo in spalla solo la borsa indiana con la camicia da notte dentro, l'ukulele in mano e i miei quadri avvolti in una vecchia tenda presa a bordo. La mia sacca avrebbe proseguito il viaggio verso New York senza di me. Abituata ormai al rollio della nave, quando fui a terra camminando continuai a oscillare per un po'. Gli altri passeggeri invece, una volta sbarcati, se ne "oscillarono" via in auto.

«*Hello, honey!*» mi urlò un autista da un camion. Gli andai incontro e gli chiesi di portarmi alla sede di un giornale. «Sali, *honey*, veloce però.» Durante il tragitto si presentò: «Sono Joe», e mi regalò un chewing gum. «La scuola è chiusa, *baby*?» «Il maestro oggi è malato, Joe.» Scesi davanti alla sede del quotidiano «The

San Francisco Examiner». Salii in redazione con un ascensore dorato. «Per oggi non ci servono altre storie» mi fece sapere altezzosa la segretaria, neanche fosse stata viceconsolessa, e mi indicò l'uscita.

Per strada mi sentivo come infossata in un canyon. In alto, lontanissimo, splendeva il sole. Un nero giù in fondo alla gola camminava con in testa un grosso cappello di paglia gialla per proteggersi dai raggi.

In realtà faceva piuttosto freddo. Devo andarmene subito a sud, pensavo, e magari da quelle parti anche nelle redazioni sono più calorosi. Seguivo con lo sguardo tutte le macchine che mi passavano a fianco, dal momento che avrei preferito di gran lunga rimediare un passaggio che proseguire a piedi. Proprio in quel momento mi si accostò un'auto gialla guidata da un nero che doveva avermi letto nel pensiero. E infatti mi chiese se volevo salire. Sulla fiancata lessi: «*Friendly Taxi Company*». Mi sembrò amichevole per davvero, e montai su.

«Vorrei arrivare all'autostrada per Hollywood per venticinque centesimi... Anzi no... È meglio se mi porta all'hotel più economico che conosce.» Joseph – così si chiamava il tassista – guidò a lungo per le strade della città; nel frattempo io calcolavo. Alla fine passò vicino a un gruppetto di case di legno e si fermò di fronte a un albergo.

«Siamo a posto così, *lady*, il passaggio lo offre la casa; sei la mia sorellina.»

La porta dell'hotel era presidiata da un nero ciccione e dentro ce n'era un altro al banco della reception. Joseph parlò con quest'ultimo e insieme mi accompagnarono in una stanza senza che avessi detto neanche una parola. Mi lasciai guidare. Non bisogna essere ingrati, pensavo.

Joseph rimase ad aspettarmi davanti all'albergo e quando uscii mi condusse al «San Francisco Chronicle», un quotidiano locale. «Torno a prendere *lady* stasera.» «Non è necessario, Joseph.» «Non riusciresti a ritrovare l'hotel, *lady*.» Non bisogna essere ingrati, pensai di nuovo. «*Lady*, ti mettono sul giornale?» «Può darsi, Joseph.» «Allora devi dire alla stampa che hai viaggiato con la *Friendly Taxi Company*.»

Il «San Francisco Chronicle» è un buon giornale, e infatti la mia storia venne accolta con entusiasmo. Una ragazza mi fece una lunga intervista. Era davvero difficile riuscire a risponderle. «Raccontami l'avventura più sensazionale del tuo viaggio! Sei stata in un harem? Ti hanno mai rapita? Quante proposte di matrimonio hai ricevuto?» A quest'ultima domanda ho risposto più o meno così: «Non le ho contate, tanto nessuna era davvero appetibile. E poi l'unica che conta è quella a cui decidi di dire sì».

«Hai molti soldi ora?» «Sì, insomma… non molti, ma bastano per oggi e per domani mattina.» Da ultimo dovetti mettere una gamba sopra la sedia e sorridere; ne fecero una foto.

Finita l'intervista presi un caffè al bar Picnic lì vicino. Mimi, la cameriera (una svizzera!), mi portò una fetta di torta di mele. «Mi scusi signorina, io non l'ho ordinata» dissi. «Prendila lo stesso; te la manda quel soldato lì in fondo.» Non ero contraria alle torte di mele… e poi non bisogna essere ingrati.

Dopo la torta, Mimi mi portò Johnny. Aveva capelli irti come una parete rocciosa che in cima al capo formavano una specie di altopiano. Non sapeva che dire e la signorina dovette aiutarlo un pochino… Proprio lei, che veniva dalla Svizzera profonda peggio di me… Johnny era in cerca di un po' di conforto perché era stato chiamato alle armi e l'indomani sarebbe dovuto partire per il Giappone. Mentre Mimi e io stavamo ancora dispensando conforto, Joseph entrò nel bar e venne dritto verso di me. «Arrivo tra un attimo, Joseph» gli dissi. «Bene, *lady*, ti aspetto fuori.»

Quando il nero si allontanò, Johnny mi squadrò e alzò un sopracciglio quasi fino all'altopiano. «Il mio autista» spiegai. Raccontai a Mimi in tedesco svizzero dell'incontro con Joseph. «Lascia stare, non andartene via con quello là» mi disse. «È uno dei bassifondi. Puoi stare da me; non uscire da qui.» Solo che io uscire, dovevo uscire per forza. Se davvero Joseph era della malavita, allora non ero sicura nemmeno lì dentro e dovevo andarmene per salvarmi la pelle. Se non veniva dai bassifondi, allora dovevo uscire per gratitudine… e poi non poteva succedermi nulla, me lo sentivo.

Una volta fuori, il buon Joseph mi donò una barretta di cioccolato ed era così orgoglioso del suo regalo che sorrise da un orecchio all'altro. Mi vergognai per quella storia dei bassifondi. Facendo violenza a me stessa gli mentii, raccontandogli che ero costretta a proseguire il viaggio quello stesso giorno e che quindi dovevo passare in hotel solo un attimo per recuperare le mie cose. Joseph spalancò gli occhi tondi: «*Lady*, è pericoloso viaggiare di notte! Hai mai sentito parlare dei gangster? Da queste parti ce ne sono parecchi…».

La camera d'albergo sarebbe pure stata passabile, se non fosse che l'armadio non si chiudeva e il lavandino era mezzo spaccato. Andai in stanza per raccattare il bagaglio e ripartire, ma quando tentai di uscire la maniglia non si abbassò… Tentai nuovamente, poi presi a tirare e a picchiare sulla porta, ma niente da fare, restava chiusa. Sono capitata in mano alla malavita, pensai in preda al panico.

«È la fine…» Mi precipitai alla finestra, che dava su un cortiletto interno: muri neri e altissimi. Ecco… lì… il telefono! «Pronto? *Please*, Miss, la porta non si apre.» «Ok, le mando subito qualcuno.» «Grazie.» Arrivò il cameriere ad aprire da fuori… seguito da Joseph. «Oh, povera *lady*, hai avuto paura? Non sono un gangster, *lady*, sono il tuo fratellone.» Mi diede qualche rassicurante pacca sulle spalle, poi mi riaccompagnò in città. «Prendi questo *lady*» disse, e mi cacciò in mano una bustina di carta; sopra c'era scritto: «*Bubble bath*». «Quando sei stanca, versalo nella vasca. Dopo il bagno non sarai più stanca. *You is nice, lady, bye bye!*»

In cambio della mia storia pernottai a casa di Mimi e della sua amica. Dormimmo in tre in un grande letto che di giorno stava in piedi sulla testiera e copriva la parete. La mattina dopo mandai a Joseph un acquerello e poi mi misi in viaggio da San Francisco verso Hollywood. Sono ottocento chilometri.

All'inizio dell'autostrada c'era un grande cartello sul quale campeggiava la scritta: «Una bella sepoltura per sessanta dollari». Partii a piedi, ma non passò molto prima che qualcuno si fermasse a darmi un passaggio.

Dopo trenta chilometri era mezzogiorno. Per i successivi cento viaggiai nell'auto di un nero, poi con uno di Honolulu.

Scesi in un paesino e presi un caffè nel bar Svizzera, un locale decisamente curioso. Oltre a me c'erano tre vecchi cowboy che giocavano a dadi. Ogni tanto per sbaglio s'intrufolava un pollo, mentre un gatto dormiva in un angolo, sulla stufa. Mi sedetti su una sedia traballante. La barista lavorava ai ferri con un bicchiere di grappa davanti; parlava un inglese stentato e un tedesco svizzero altrettanto stentato. Alla parete erano appesi una ragazza della Coca-Cola e un imponente paesaggio montano della Svizzera.

Appena uscita fui accostata da una macchina bianca e nera. Il conducente non si offrì di darmi uno strappo, ma volle piuttosto vedere il mio passaporto. Mi chiese cosa ci facessi da quelle parti. Sull'auto c'era uno stemma con sopra la scritta: «*California, Police, 1877*». Impiegammo quattro ore per percorrere i cinquecento chilometri successivi.

Passai la notte alla periferia di Los Angeles, in un motel, cioè un albergo dove si arriva in macchina fin quasi dentro la stanza. Il giorno dopo, di buon mattino, andai a passeggio per il Sunset Boulevard a Hollywood. Era quasi come a casa, ma solo quasi. Vidi un castello con torri antiche e un autentico villaggio russo. Le cosce dei putti barocchi della California risentono un po' della dieta hollywoodiana, ma vanno bene lo stesso, tanto è barocco californiano.

L'edificio più grande di Hollywood era la sede della tv. Entrai e chiesi del capo. Non riuscii ad arrivare fino a lui, ma fino a Peggy Stewart. È bene sapere che in California non sono i signori uomini a contare, ma le signore donne. Se si ha bisogno di qualcosa ci si rivolge alla segretaria, non al capo, anche perché quello, tanto, dà retta sempre e comunque solo alla sua segretaria.

Chiesi quindi alla bella Peggy Stewart se quel giorno potessi per caso partecipare a un quiz o cantare in un programma, perché avevo bisogno di soldi. «Non funziona così, *honey*. E poi tu chi saresti?» Le feci leggere quello che aveva scritto su di me il «Nippon Times», dopo di che non ebbi bisogno di aggiungere altro.

«Katharina, ma sei un fenomeno!» esclamò Peggy e prese energicamente in mano la mia situazione. Prima di tutto mi toccò cantare davanti a quattro persone in una grande stanza vuota. Fu orribile, e proprio nel momento più toccante del brano, stava quasi per mancarmi la voce. Però a Peggy piacque lo stesso, o perlomeno così disse.

Quindi mi intimò di aspettare nel suo ufficio fino a nuovo ordine. Era tutto un andirivieni di gente allegra. Entrò una bionda platinata che chiese a Peggy se le servisse una modella per denti, capelli e collant. «Sì» rispose lei. «Prima però porta un attimo Katharina al giornale e poi accompagnala a casa mia.»

Fu così che arrivai alla «Gazzetta di Hollywood». Lì mi aspettava un uomo che mi fece domande stravaganti: quanti chilometri avevo percorso a piedi? Il mio peso? Quali erano le mie idee politiche? E cosa pensavo del genere maschile? Poi arrivò un fotografo che con piglio grintoso mi mise in posa per una foto.

Più tardi mi accompagnò anche da Nell Chandler e alla John Guedel Productions; tutta gente della televisione per un verso o per un altro. Ovunque andassi, dovevo dispensare grandi sorrisi e raccontare la mia storia in due battute; non sapevo esattamente perché, ma lo sapeva Peggy e questo era l'importante. Aveva preso in mano le redini della mia situazione e io mi lasciavo gestire. L'esistenza autogestita alla lunga è una faticaccia.

A quel punto potevo alloggiare nel trilocale di Peggy e non fare altro che aspettare. Di giorno ero sola. Se mi veniva fame potevo attingere dal frigorifero torte e piselli congelati; bastava riscaldarli così com'erano. Se volevo levare di mezzo qualcosa, bastava che pigiassi un pulsante e quella spariva in un buco.

I primi due giorni non ebbi altro da fare che schiacciare bottoni. Poi però arrivò Pat, un'amica di Peggy, che la pregò di potermi ospitare per qualche giorno. Peggy glielo concesse e così mi trasferii da Pat. In passato era stata un'attrice di varietà e commedie per una compagnia teatrale itinerante. Poi aveva continuato a recitare, ma solo per se stessa, nel suo appartamentino. Quand'era al telefono, faceva gli occhioni a cuore o sorrisi smaglianti, come se l'interlocutore la stesse guardando. Faceva i lavori di casa indossando un grembiule pieno di frange e mettendosi dei libri sulla testa, per esercitarsi con il portamento.

Il momento più privato dell'esistenza di Pat era quello in cui ravvivava il biondo perlato della propria capigliatura. Prima di avviare la procedura, che si ripeteva ogni cinque giorni, si toglieva ciglia e sopracciglia finte. Poi, dopo innumerevoli risciacqui, suddivideva i capelli in una quindicina di ciocche che le stavano dritte in testa come i punzoni di una mazza chiodata. Il suo appartamento era tutto grigio e rosa, colori che si abbinavano bene alla sua tinta.

In quel periodo tutta la California, e quindi anche Pat, era impazzita per la faccenda dei dischi volanti e della comparsa dei marziani, che pareva si aggirassero in incognito tra i terrestri. Una volta raccontai a Pat che nella pagoda dorata di Rangoon sembrava di stare su Marte. Lei allora mi fece terrorizzata: «Tu hai qualcosa di strano; di' un po', non sarai mica una marziana!».

Per amore della linea Pat si nutriva di strani alimenti, e anch'io fui costretta a adeguarmi a quella dieta nei giorni in cui mi ospitò. Il primo giorno mi diede da mangiare nove uova, tre pompelmi e due tazzone di caffè nero. L'indomani ero malata; neanche un marziano avrebbe retto a tali prelibatezze. Pat era parecchio delusa.

Passò una giornata intera al telefono a lavorare per me. Chiamò chiunque avesse a che fare con il cinema, la televisione e l'opinione pubblica. Nel frattempo mi riposavo dalle mie avventure spaparanzata sul suo sofà rosa, e nel dormiveglia ascoltavo come io e la mia storia venivamo descritte a tinte californiane. E però non è tanto facile ottenere la celebrità, che si cerchi di farlo per sé o per qualcun altro. Così alla fine Pat concentrò gli sforzi nel tentativo di farmi raggiungere una fama bastevole a convincere una qualche compagnia aerea a offrirmi il viaggio su uno dei loro velivoli. Era lì lì per farcela quando proprio all'ultimo il progetto naufragò per via delle frizioni interne a livello dirigenziale tra il mondo degli aerei e quello della televisione.

Pat riuscì comunque a rimediarmi un appuntamento con uno scrittore interessato alla mia storia. Si presentò a casa nostra e ascoltò con grande attenzione il mio racconto, in parte prendendo appunti e in parte registrandolo. Riteneva che dalla narrazione trasparisse troppo poco di me stessa, e nel corso dell'intervista mi pose tutta una serie di domande incredibilmente dirette. «Sai, Katharina,» osservò Pat in una pausa «alla gente interessa esattamente quello che tu non hai voglia di raccontare. È solo così che riuscirai a guadagnare qualcosa.»

Lo scrittore si soffermò anche sulla mancanza di una motivazione profonda del mio viaggio. Ero forse partita in nome della pace nel mondo o magari alla ricerca dei dischi volanti? «I lettori non si accontentano di semplici motivazioni interiori» mi spiegò. Nonostante questi difetti, riuscì a ricavarne comunque una storia da scrivere.

Meno male che alla fine non raggiunse poi un pubblico così vasto: con grande imprudenza, avevo dato mandato allo scrittore di colmare come meglio credeva le lacune del mio racconto. In vista della pubblicazione gli avevo anche affidato dei quadri, che però da allora non ho più rivisto.

Nel frattempo la mia prima intervista era uscita, con tanto di foto, sulla «Gazzetta di Hollywood», e per strada uno sconosciuto mi chiese se non fossi per caso io la *tramp girl* del giornale. A parte questa, le uniche altre reazioni all'articolo di cui mi giunse notizia furono quella di un contabile sudamericano, che mi contattò per ragioni personali, e quella di tale Betty White della tv, che invece evidentemente era dettata da ragioni professionali.

Betty White era la conduttrice di un programma televisivo che andava in onda ogni martedì, ed era inoltre la protagonista di réclame per coperte elettriche, polverine per il mal di testa e altre cose così. In America non è possibile guardare la televisione senza sorbirsi la pubblicità, d'altronde sono proprio le pubblicità a finanziare le trasmissioni.

Il 2 marzo il programma di Betty sarebbe andato in onda per la prima volta su tutto il territorio statunitense, e questo anche grazie alla mia partecipazione. Mi avevano detto di presentarmi nello studio di registrazione due ore prima dell'inizio dello show, per essere pettinata e imbellettata a dovere. Riguardo ai contenuti della mia esibizione non c'era nulla da preparare, avrei improvvisato.

Passai sotto le mani di un truccatore. Davanti a quello specchio si svolse una dura battaglia: volevano strapparmi le sopracciglia e anche mille altre cose. Furono due ore di resistenza nel corso delle quali cercai con ogni mezzo di salvaguardare me stessa. «Sto solo tentando di darle un'aria civile!» sbottò il visagista, e poi disse al suo assistente: «Vedi? Laggiù in Europa non hanno nessuna idea di come ci si presenta in pubblico; ne hanno di cose da imparare, altroché». Poi di nuovo rivolto a me: «Se lei si sottoponesse ai miei trattamenti per un mese, potrei trasformarla in una miss... Miss Coca-Cola o qualcosa del genere. Ma così, signorina, sembra proprio una campagnola!». A dire il vero anche lui aveva l'aspetto di uno appena arrivato dalla campagna che in quattro e quattr'otto si era voluto ripulire.

Mi pitturò per ore con tutti i colori che aveva; il naso me lo fece marroncino, le narici e gli zigomi più scuri ancora. Improvvisamente mi ritrovai con gli occhioni tondi tondi e le labbra bicolori. Non ero male vista da lontano, ma da parecchio lontano, però… A guardarmi da vicino, invece, non avevo un aspetto molto credibile. Indossavo un paio di pantaloni alla texana che mi aveva regalato Peggy. Erano duri come una tavola di legno; con quelle assi indosso era impossibile sedersi. Sopra invece portavo una giubba di pelle gialla con frange e perline verdi; risaliva al periodo in cui Peggy interpretava la cavallerizza nei film di ranch e cowboy. Pat aveva contribuito fornendomi un cinturone dall'enorme fibbia luccicante; rappresentava uno stemma con spada e corona e si vedeva anche a un miglio di distanza.

Così conciata aspettai che dalla regia mi facessero segno di entrare in scena. Betty White uscì dalla cornice di una porta vuota piazzata nel bel mezzo dello studio, mi venne incontro e mi presentò agli Stati Uniti.

Eravamo circondate da tanti buchi neri e non sapevo in quale di questi dovessi guardare per fissare negli occhi i cittadini e i telespettatori americani. In un angolo c'era un televisore in cui potevo vedermi. Sorrisi di fronte allo strano make-up di Betty e poi veloce mi voltai per scorgermi sorridere sullo schermo… e invece, ahimè, anche lì ero voltata di spalle. Di fronte a me vedevo solo una grande palla nera, evidentemente il mio testone. Betty mi spintonò col piede in modo da farmi girare nel verso giusto. Quel suo gesto non finì nell'inquadratura. I pantaloni erano così duri che le ginocchia non potevano tremarmi. Per il resto, è ben più difficile mantenere i nervi saldi standosene dall'altra parte del mondo senza un tetto sulla testa che restare calmi raccontando a un paio di buchi neri come fosse starsene senza un tetto. «...E hai avuto problemi con i ragazzi?» «Eccome; ma sai, Betty, con quelli una ha problemi dappertutto, anche a casa propria. Per la verità i ragazzi californiani mi paiono i più docili...» «Quindi ti piace qui da noi?» «Sì, certo, Betty! Pensa che mi chiamano tutti "*honey*"...» Betty scoppiò a ridere. Risero anche le cinquanta casalinghe sedute nello studio, perché di fronte a loro un uomo aveva sollevato un cartello con su scritto: «Risate». In chiusura di trasmissione dovetti cantare una canzone francese.

Mentre uscivo di scena sfoderarono il cartello «Applausi», così mi beccai un frenetico scroscio.

A fine programma Betty mi ringraziò e si congratulò per la mia presenza di spirito. Ricevetti un consistente rimborso spese a titolo ufficioso.

Di fianco agli studi televisivi aveva sede la fabbrica di aeroplani Lockheed Constellation. Siccome ci passavo davanti, decisi di entrarci.

Anche lì contava l'opinione della segretaria. «Miss Pearl Fless,» dissi «i vostri aerei sono famosi pure da noi. Non è che per caso state per spedirne uno nuovo in Europa? Sai, mi piacerebbe così tanto salirci.» «Oh, ma tu non sei la *globetrotter* del giornale?» «Per servirla! Sono proprio io.» «Senti allora, Katharina: intorno al venti di questo mese dobbiamo consegnare un velivolo nuovo in Pakistan, passando per l'Europa. Forse puoi volare con quello fino ad Amsterdam. Ti faccio sapere domani.»

Pearl era davvero una perla. Mi telefonò il giorno dopo: «Katharina, puoi andare ad Amsterdam tra due settimane con l'aeromobile in consegna. Preferisci partire da qui o da New York?». «Da New York» risposi. «Se vuoi puoi andare anche fino a Karachi.» «No Pearl, ti ringrazio, davvero, come se avessi accettato, ma conosco già la zona...»

A quel punto non dovevo far altro che trovare un mezzo per arrivare a New York il più velocemente possibile. Ci pensai un po' su, poi decisi di andare a Los Angeles per parlare con il redattore del «Los Angeles Times». Lo pregai di scrivere un pezzo su di me abbastanza intrigante da convincere qualcuno a offrirmi un passaggio per New York. Il mattino seguente sul quotidiano campeggiava in bella vista una mia foto corredata dal titolo: «Giovane svizzera imprigionata nelle sabbie della California»; a seguire c'erano un simpatico resoconto sul mio viaggio e il mio recapito a Hollywood. Il successo dell'articolo andò oltre le più rosee aspettative: passai un'intera giornata incollata alla cornetta ad ascoltare le proposte in arrivo. Ci fu addirittura un tizio che mi offrì di farmi volare a New York sul suo jet privato. Oltre a questo, mi promisero altri tre biglietti aerei, ma ormai avevo già dato la mia parola a una certa Ann Jones, che si era detta disponibile a pagarmi un volo in cambio della mia partecipazione al suo programma tv, *Hollywood on Television*.

Prima della trasmissione, Ann Jones si limitò a informarmi: «Katharina, ricordati che per il pubblico il tuo biglietto deve essere una sorpresa».

Mi ritrovai di nuovo seduta davanti ai buchi neri, con il viso imbellettato di marrone. Un giovanotto chiacchierava amabilmente con me: «...Ecco... e quindi: come pensi di arrivare a New York?». «Oh, Bill, non lo so ancora; forse a piedi.» «Katharina, abbiamo qui una sorpresa per te: un biglietto omaggio da parte della compagnia North American Airlines; dieci milioni di miglia e mai un incidente!» Oh... che scena che feci! Sgranai gli occhioni come a Natale e faticai a parlare per la commozione.

Fuori dagli studi Ann mi abbracciò entusiasta per la mia recita così toccante e mi invitò a cena. L'indomani però, quando le chiesi timidamente se per caso non potevo partire il sabato perché nel frattempo avevo cambiato programma, tutta quella sua simpatia svanì in un lampo. Il venerdì la Camera di commercio avrebbe voluto mettere in scena una specie di favola sulla sottoscritta, ossia avrei dovuto raccontare la mia storia di fronte ai cinquecento signori più in vista di Los Angeles e commuovere i loro cuori. Il direttore della Camera di commercio aveva escogitato questo piano grandioso per aiutarmi ad andare avanti, nel senso più lato possibile.

Ma la cosa saltò per via di Ann, che urlò al telefono in preda a un indicibile sdegno: «È villania pura, per non dire ingratitudine! Forse lì da voi è accettabile, ma qui da noi proprio no. Stai rovinando la mia posizione. Ormai tutta la California sa che te ne andrai mercoledì sera. Il pomeriggio devi fare un'altra comparsa in trasmissione e poi devi sparire. Mi hai capito, vero?». Il cielo rende grazie alle persone perbene, pensai; e così mi preparai a partire.

Il martedì la Camera di commercio mi invitò a un pranzo per pochi intimi. Raccontai un paio di aneddoti, poi trascorsi il resto del tempo a rispondere a quesiti parecchio complicati su come migliorare il mondo. Alla fine il direttore mi passò un contributo spese elargito da uno dei commensali, a titolo di ringraziamento per le mie risposte.

Dopo il pranzo, mentre aspettavo alla fermata, non fu l'autobus ad accostare, ma un mezzo più piccolo che mi diede un passaggio. Per uno strano caso del destino il conducente era un giovanotto di Vienna, amico di tutti i miei amici. Fu come trovare un'oasi nel deserto. La strada correva lungo la costa, il sole calava sull'Oceano Pacifico. «...Ti dirò, nonostante tutto è bello qui. Guarda là, il mare... Resta qui, parlami ancora di Vienna... Ah, Vienna, è l'unica vera città.» Però avevo dato la mia parola ad Ann Jones...

Durante il mio ultimo giro per Los Angeles intravidi l'ingresso di una chiesa gotica... Solo avvicinandomi mi accorsi che non si trattava di una chiesa, ma di una banca.

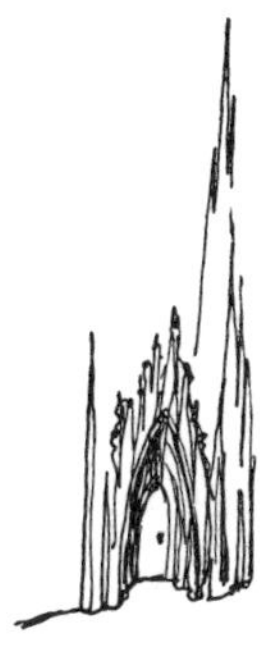

A Los Angeles esiste un vero locale svizzero, il ristorante Switzerland, con tanto di *snack bar* e *grill-room*. Appartiene ai ragazzi del coro di Moser che si esibisce lì cantando jodel. All'interno, lo Switzerland sembra quasi autentico: dalle pareti occhieggiano teste di cavallo in bronzo e le montagne elvetiche di cartapesta risvegliano nei cuori degli avventori la nostalgia di casa, o la voglia di starne lontani.

Per la mia ultima sera a Los Angeles venni invitata allo Switzerland dai ragazzi del coro. Purtroppo non riuscii ad andarmene prima di aver cantato con loro un paio di brani. Mi accompagnavo con il liuto e dietro di me Köbi Moser, rigorosamente in corpetto di velluto dell'Appenzello, fisarmonicava suoni approssimativi e tempestava i miei vocalizzi a colpi di jodel.

Il mercoledì ero di nuovo in televisione. La trasmissione si chiamava *Hollywood News*. Prima cantò uno che teneva il ritmo alzando le spalle, poi fu il turno di una donna che arringò i telespettatori sui benefici delle creme di bellezza, e infine arrivò il momento dedicato a me e alla mia storia. Non sapevo bene cosa avrei dovuto fare, così mi limitai a raccontare. Poi, mentre parlavo, arrivò del tutto inaspettata la stessa domanda dell'altro programma: «E come pensi di arrivare a New York, Katharina?». Per fortuna mi resi conto in tempo che dovevo di nuovo recitare la mia parte, e così, per la seconda volta, mi annunciarono la sorpresa del biglietto aereo. Stessa scena, occhioni natalizi e gioioso stupore. Ma non era finita lì: d'un tratto un tavolo favoloso scivolò davanti ai miei teleammirati occhioni. «Katharina, questo abito in tweed lavabile antipiega» annunciò il presentatore «è un regalo del negozio di abbigliamento

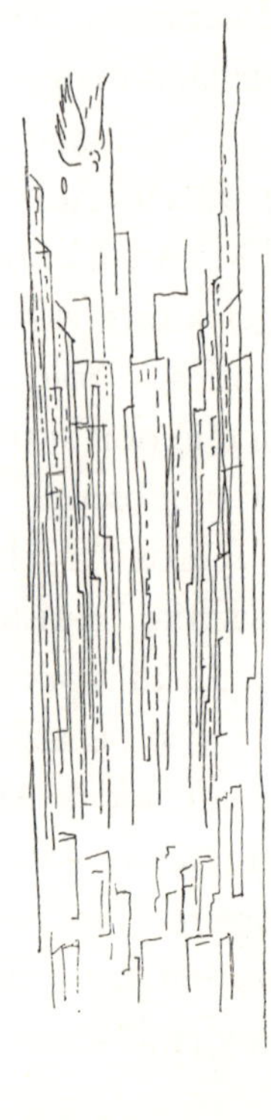

Carmen, sulla Broadway 5876. Le scarpe e la borsa sono del calzaturificio Sally, sulla 6th Avenue… e qui c'è anche un filo di perle per te, l'ultima creazione della Pearl Company di Chicago.»

Era incredibile, pensai, come Ann avesse imbastito tutto questo soltanto per me, e dopo la trasmissione mi precipitai da lei. Ormai ci eravamo riconciliate.

Quella sera mi accompagnò all'aeroporto. Venne anche Peggy. Fu l'ennesimo addio a mai più rivederci.

Ventitreesimo capitolo

Da un buco nel muro uscivano sbuffi di fumo. Intorno al buco c'era una bocca e intorno alla bocca erano disegnate la testa di un uomo e una mano che teneva una sigaretta. «Fuma Camel» c'era scritto sotto. Un uccello rosso volava su e giù, in alto sopra la valle; ogni dieci secondi lasciava cadere un uovo azzurro. Però non è mai stato ritrovato nessun uovo azzurro sulle strade di Broadway, New York; l'uovo era fatto di lampadine.

La prima volta che attraversai quella valle di luce chiamata Broadway ero a bordo del taxi collettivo dall'aeroporto. Gli altri passeggeri erano già stati accompagnati fino alla porta di casa; restavo solo io. «E tu dove vuoi andare, ragazzina?» «In realtà, non ne ho la più pallida idea.» «Di dove sei?» «Non di qui.» «E che ci fai da queste parti?» «Sto tornando a casa.» «Cosa devo fare con te? Io adesso devo rientrare in aeroporto.» «Va bene, riportami lì.» E così tornai in aeroporto assieme a Nino, l'autista. Nino mi condusse da Emil, il suo capo, che mi chiese: «Hai dei soldi?». «Non molti.» «Nino, accompagnala al King Edward Hotel. Il direttore è un mio amico. Digli che deve dare una stanza per una notte alla ragazza.» Poi, rivolto a me: «Domani ti trovi un lavoro, vero?».

Tornando in città, Nino mi offrì un caffè e una fetta di torta di mele. Attraversammo i moli del porto, poi lui scese e andò a recuperare la mia vecchia sacca. C'era uno sciopero in corso. Le guardie fecero passare comunque Nino, che è un uomo dall'aria energica e rassicurante. Ha il mento largo il doppio della fronte. Per il resto è un ragazzone pacioso; non farebbe male a una mosca. Nino accostò con tutta calma davanti al King Edward Hotel. Dietro di noi esplose un concerto di clacson infuriati. La cosa sembrò non turbarlo affatto. «Ce l'hai già un marito?» mi chiese. «No.» «Se mi sposi, non ti devi più cercare un lavoro. Che ne dici?» «Nino, sposarsi è ben più complicato che trovarsi un lavoro.» «E perché? Secondo me è il contrario. Tu sei sola; io sono solo. Abito a Brooklyn, sai… da mia madre. Ah, tra l'altro, noi siamo italiani. Potresti vivere con noi a Brooklyn. Mia madre è una brava donna.»

Mi ero sistemata al King Edward Hotel. In seguito ebbi notizie di Nino: quell'Emil lo aveva licenziato, perché dopo il giro al porto era arrivato al lavoro in ritardo. In America basta poco, e accade quasi tutti i giorni. Telefonai a Emil e gli dissi di riassumerlo. «Beve» mi rispose sulle prime, ma poi si convinse a dare a Nino una seconda opportunità; peccato che quello intanto si era trovato già un altro impiego.

Mi avevano dato una stanza minuscola, nella quale praticamente non ci si poteva muovere. La maggior parte dello spazio era occupato dal televisore, un catafalco che funzionava con l'immissione di venticinque centesimi. Non lo accesi mai, ma devo ammettere che l'idea di poterlo fare era di per sé ammaliante.

Dalla mia finestra si vedevano soltanto altre finestre. Mi resi conto di quanto stavo in alto quella volta in cui trovai l'ascensore occupato e provai a scendere a piedi. Sbucai in un abisso nero e profondo nel quale si perdeva una vertiginosa scala a chiocciola in ferro.

Bastarono pochi giorni trascorsi a New York per scordarmi dell'esistenza stessa delle scale. Mi ero abituata alle comodità. Già dal secondo giorno non provai neanche più a cercarmi un altro alloggio, per non parlare di un vero lavoro. Mi limitai a chiedere al direttore dell'albergo se potevo dare una mano in cucina in cambio della stanza. Nell'hotel la cucina non c'era, ma in compenso di camere ne avevano a bizzeffe. In un albergo normalmente c'è sempre un letto libero, quindi è meglio che qualcuno paghi un dollaro per stare in una stanza che rimarrebbe comunque vuota, piuttosto che lasciarla inutilizzata. Il direttore ne convenne e a queste condizioni mi permise di continuare ad alloggiare da loro.

La mia esistenza newyorkese fu molto confortevole per i primi tre giorni, perché non conoscevo nessuno. Non avevo per niente voglia di fare amicizie, né di vedere cose. Ne avevo già avuto abbastanza di entrambe. Oltretutto fuori era freddo e il freddo, si sa, mette appetito. Comunque facevo tutti i giorni il mio buon giro dell'isolato.

Quando si è a New York, di solito si va a vedere la sede dell'ONU. È un edificio pericoloso: chi entra, viene colpito non con schiaffi e pugni, ma – cosa molto più subdola – con l'elettricità. Basta toccare la maniglia della porta per prendere la scossa; seguono poi altre scosse pigiando il tasto di chiamata dell'ascensore e poggiandosi sul corrimano delle scale mobili.

Dalle pareti di vetro si gode di un panorama tutto blu. A stare lì ti vengono le manie di persecuzione, perché ogni muro è una finestra e da fuori chiunque può osservarti a suo piacimento.

Per il resto, non ho nulla contro l'ONU, anzi; mi trovai bene lì, e avrei addirittura potuto rimanerci come segretaria di un diplomatico orientale. Però rifiutai, quel tipo di lavoro non fa per me. Per prima cosa, la mattina mi sarei dovuta alzare molto presto; e poi, di tanto in tanto, avrei addirittura dovuto pensare. E oltretutto è un impiego in cui si è tenuti a fare quello che vuole qualcun altro; e spesso la volontà degli altri e la mia non coincidono affatto.

Ciononostante, mi trattenni all'ONU più a lungo di quanto avessi previsto. Qualcuno mi presentò la corrispondente del «New York Times», alla quale dovetti raccontare per l'ennesima volta chi ero e cosa pensavo. Arrivò un fotografo che mi fece un paio di scatti all'esterno, davanti alla grande parete di vetro, sotto le bandiere.

Le bandiere delle Nazioni Unite mi fecero un'impressione indimenticabile: garriscono in un modo tutto particolare perché – da quel che ho capito – intorno al palazzo il vento soffia in cerchio. Sia come sia, quella volta fece svolazzare tutta la schiera di bandiere in direzione di Broadway, con la sola eccezione delle tre più a sinistra che invece sventolavano dall'altra parte, verso il fiume Hudson. Ovviamente, mettendosi di spalle all'ingresso, destra e sinistra si invertono. Per fortuna non saprei dire a quali Stati appartenessero le bandiere ribelli che ondeggiavano al contrario.

Fu sotto quei vessilli, dunque, che mi fecero queste altre foto per la stampa. Come ringraziamento per essere stata una modella proprio ammodo, mi dissero che sarei potuta andare quel giorno stesso a ritirare quattro stampe nel reparto fotografia del «New York Times».

Martedì mi telefonò Jerry, il rappresentante della Lockheed a New York. «È pronta? L'aereo nuovo è arrivato. Domani vola ad Amsterdam... È contenta, no? Per celebrare la sua partenza, stasera andiamo a cena. Passo a prenderla.»

Mi era già capitato spesso di parlare al telefono con Jerry e farmi quattro risate con lui, e mi aveva dato l'mpressione di essere un ragazzo dell'età mia. Quando quel martedì sera lo vidi per la prima volta, invece, rimasi di stucco: aveva i capelli bianchi.

Mangiammo tanto e a lungo. Il ristorante era anche un circolo artistico. Tutti i camerieri erano cantanti

lirici e gorgheggiavano mentre servivano, apparecchiavano, o preparavano il conto. Uno di loro suonava il piano; il barman era un tenore drammatico e schiaffava le note in faccia agli avventori come i cubetti di ghiaccio nel bicchiere di whisky.

«Vede? Un po' di cultura ce l'abbiamo anche noi» commentò Jerry.

Il mio bagaglio si era prepotentemente espanso. La vecchia sacca era ormai il più piccolo di quattro colli. Il mercoledì mattina passai ore intere a preparare le mie cose. Proprio mentre sedevo sull'ultima valigia nel tentativo di chiuderla, squillò il telefono. «Heiner Gautschy, della Radio svizzera.»

Mancava poco al decollo, ma accettai di raccontargli in due parole la mia storia. L'intervista sarebbe dovuta durare cinque minuti, ma, presi com'eravamo dalla chiacchierata, ci passò di mente che stavamo registrando. Dopo un quarto d'ora Heiner Gautschy se ne ricordò e spense l'apparecchio. «Tra una decina di giorni sua madre sentirà la sua voce.»

Jerry mi accompagnò all'aeroporto. Un uomo della polizia di frontiera mi scortò fino all'aereo e si accertò che una volta salita non tornassi indietro. All'ultimo arrivò correndo un tipo con carta e penna in mano, voleva sapere anche lui del mio viaggio. Gli raccontai un paio di aneddoti clou mentre ero già sulla scaletta, con la polizia che ascoltava e si sganasciava.

Ero ormai sull'aereo, ma quel tipo là fuori non si dava per vinto e, continuando a prendere appunti, chiese agli astanti di raccontargli quello che sapevano sul mio conto. Era il corrispondente di un'agenzia.

Decollai alle cinque del pomeriggio. L'interno del velivolo era verde chiaro, tutto in plastica. Ero l'unica passeggera. Se per caso mi fosse venuta fame, avrei potuto servirmi di tutto quello che volevo dalla cucina dell'aereo. Mi abbuffai per metà della nottata; lo faccio sempre, quando mi prende l'agitazione.

Alle due di notte mi sdraiai su tre sedili e caddi in un sonno profondo. Due ore dopo erano le dieci del mattino in Europa…

Solo a Ginevra cominciai a rivedere volti conosciuti. Bandiere gialle e rosse, e polizia. Le bandiere non sventolavano per me… C'era un congresso in corso. Aspettai a lungo, in piedi, davanti al lago di Ginevra, finché un tizio mi diede un passaggio. Poi la strada si faceva sempre più larga ed era molto raro che a qualcuno venisse voglia di fermarsi a caricarti.

A Soletta la vecchia casa che mi ricordavo non c'era più, al suo posto ne era sorta una nuova. Un cane cominciò ad abbaiarmi contro. Gli diedi un pezzo di pane coi ciccioli, ma piegandomi mi cadde la sacca in mezzo alla strada, proprio mentre arrivava sfrecciando una ciclista. La donna avvampò di rabbia: «Ueee, pidocchietta! Spostati!».

Cominciò a piovere. A ogni macchina rischiavo di infradiciarmi per gli schizzi… Ne passarono molte.

Presi l'ultimo passaggio alle sette e mezza di sera, molto vicino a Zurigo. Al di sopra dei monti il cielo era illuminato; dietro brillava la città. Mi venne il magone. Continuavo a giocherellare con la manopola del finestrino per tirarlo su e giù, poi di nuovo su e di nuovo giù… Il signor Knäusli si fermò a un incrocio e propose un po' imbarazzato: «Be', senta lei, non è che vogliamo fare un ziretto a Losanna o zù di lì?». Mi scappò una risata fragorosa. Il signor Knäusli, ancora più impacciato: «Be'… insomma… È fine ziornata per tutt'e due!». «Be', signor Knäusli, sto tornando proprio mo da un ziretto.»

Anche Zurigo era tutta imbandierata, ma solo per la festa di primavera.

Sorgevano degli edifici nuovi e avevano anche ristrutturato la tabaccheria sulla Kreuzplatz... Quanto tempo ero stata via!

Mia mamma era affacciata a un'altra finestra, non alla solita.

«Oh, stellina! Mi sei tornata per davvero!» Ero felice.

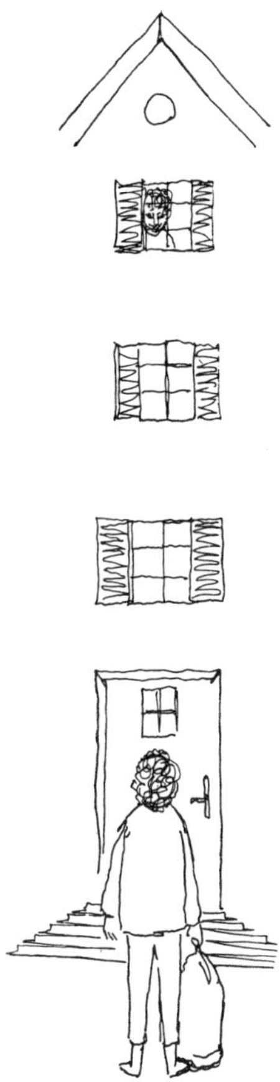

Katharina von Arx,
la viaggiatrice tre volte leggera

di Sara Mamprin

Katharina von Arx parte da Vienna per Zurigo, via Egitto, India, Cina, Giappone e Stati Uniti, nell'agosto del 1953, lo stesso anno in cui a Mosca muore Stalin e a Berlino una protesta popolare viene stroncata dai carri armati sovietici. Sull'altra sponda dell'Atlantico, Fidel Castro dà inizio alla rivoluzione cubana, mentre in Asia termina la Guerra di Corea. L'Everest viene scalato per la prima volta dal neozelandese Edmund Hillary, e Hemingway vince il premio Pulitzer con *Il vecchio e il mare*. Storia e storie fatte da e di uomini, con poche magre consolazioni per il mondo femminile, come l'inesorabile incoronazione della regina Elisabetta II nel giugno di quello stesso anno o la distribuzione nei cinema di *Vacanze romane*, nel quale un essere di sesso femminile è protagonista di un film che ha blandamente a che fare con viaggi, vacanze e la temporanea fuga dalle convenzioni sociali.

Tra tutti questi avvenimenti, la venticinquenne Katharina von Arx vivacchia a Vienna come studentessa dell'Accademia d'arte e spera di diventare un astro nascente della scena artistica austriaca. Di certo è ammirata e vezzeggiata da artisti, intellettuali e aristocratici in rovina che adorano la sua vivacità e la sua illimitata disponibilità ad animare serate bohémienne con canzoni svizzere accompagnandosi con l'ukulele. Katharina era arrivata un anno prima nella capitale austriaca, in fuga dalla noia soporifera di Zurigo e dalla sua vita tranquilla di impiegata presso il Comando di polizia della città svizzera.

Una ragazza dal carattere più mite e convenzionale di Katharina si sarebbe goduta la stabilità di questa esistenza elvetica, dopo le tante peripezie che la vita le aveva riservato fin da bambina: terzogenita di una famiglia della buona borghesia imprenditoriale svizzera, vive fino a cinque anni in un ambiente benestante, coccolata e venerata da un padre innamorato della sua unica figlia femmina e disposto a dedicarle tempo e giochi senza limiti. Ben presto, però, saranno la Storia e una sfortunata congiuntura economica a porre un limite a questo paradiso infantile: la grande crisi finanziaria del 1933, infatti, ha pesanti ripercussioni anche sull'industria tessile dell'imprenditore Arthur von Arx, padre di Katharina, che è costretto a dichiarare fallimento e a trasferire la famiglia impoverita dalla grande villa di Niedergösgen, nel Canton Soletta, a Zurigo. Di lì a poco Arthur abbandonerà la famiglia, e Katharina non avrà più sue notizie per lunghi anni. Per far fronte allo stato di emergenza famigliare, la madre accetta di separarsi da due dei tre figli e Katharina passerà gli anni successivi a Binningen, nella campagna di Basilea, in casa di una zia severa e noiosa. Il suo sogno di adolescente introversa e stravagante è quello di studiare arte, ma le condizioni economiche in cui versa ciò che resta della sua famiglia sembrano escluderlo. Viene piuttosto incoraggiata dalla madre e da uno stuolo di zie elvetiche, una più grigia e rigida dell'altra, a imparare un mestiere sensato che le permetta di mantenersi fino a quando non fosse riuscita ad accalappiare un buon partito da sposare e a cui delegare il mantenimento della propria persona. Il mantra inculcato a Katharina dall'improvvisato regime matriarcale in cui viene cresciuta nella Svizzera borghese degli anni Trenta e Quaranta sembra incontrovertibile: una ragazza ha bisogno di un uomo che provveda a lei, e per agguantarlo deve ricorrere a strategie estetiche e comportamentali che Katharina sperimenta con successi alterni, ma che di fondo non la interessano quanto l'arte e il mondo al di fuori della sua Svizzera.

Fräulein von Arx mette quindi in discussione questo mantra familiare e, nel maggio del 1952, parte per Vienna animata dal desiderio di perseguire la carriera artistica, indipendentemente dalla presenza nella sua vita di qualsiasi uomo. Si ritrova ben presto circondata e adulata dai protagonisti – rigorosamente uomini – della scena austriaca dell'epoca. Grazie alla sua personalità brillante e originale riesce ad aprirsi molte strade in quel nuovo mondo che in poco tempo, però, le viene a noia, non quanto il presidio di polizia di Zurigo, ma quasi. Scriverà infatti: «A Vienna non vedevo altre nuove vette da conquistare; erano tutte al di là delle nuvole. Era un'esistenza piacevole, giocosa, quasi un vagare sonnambulo tra le diverse epoche, le generazioni e i valzer viennesi. Ma gli avvenimenti di questo mondo si svolgevano altrove e io volevo viverli».

La curiosità e la voglia di avventura la spingono a prendere il largo e a lanciarsi in un giro del mondo senza un soldo in tasca, finanziandolo con la vendita dei suoi disegni *in itinere* e qualche lavoretto occasionale. Katharina non è una viaggiatrice mossa da motivi politici; non fa nemmeno finta di agire sulla base di un'ideologia o in nome di una missione umanitaria. A muoverla è soprattutto la noia, o il suo contraltare, la curiosità. Scriverà il resoconto di quell'esperienza, *La viaggiatrice leggera*, ma diversamente dai suoi coetanei della Germania Ovest degli anni Cinquanta, non è una viaggiatrice "arrabbiata" e in fuga polemica da un Paese in macerie e ancora semi-nazificato. Nulla di tutto ciò: Katharina parte principalmente per spirito di avventura e per allontanarsi da una prigione dorata, quale Vienna ormai le appariva.

Se tra le motivazioni del suo viaggio si può ravvisarne una vagamente sociale e indirettamente politica, questa ha piuttosto una connotazione di genere: quelle vette irraggiungibili in quanto «al di là delle nuvole» alludono probabilmente al soffitto di cristallo che Katharina inizia presto a percepire nel mondo degli artisti e degli accademici. Infatti, dopo l'iniziale euforia per i suoi successi mondani nei salotti della capitale austriaca, intuisce che questi rischiano di ingabbiarla nel ruolo di eterna musa dei pigmalioni viennesi, impedendole di divenire un'artista dotata di voce propria. Avrebbe infatti ricordato: «Anche all'Accademia veniva continuamente confermata l'asserzione che la forma più alta della creatività fosse riservata al sesso maschile. Le donne potevano avere talento, ma non genio. [...] Per noi donne la cosa non aveva nessun senso, visto che non c'era la più pallida speranza di diventare un Michelangelo; perché Michelangelo era un uomo. Uomini, uomini... sempre e solo uomini».

Come spesso accade quando si tenta di delocalizzare geograficamente un disagio emotivo, nel corso del suo periplo lungo otto mesi Katharina si ritroverà a confrontarsi innumerevoli volte proprio e principalmente con il problema che sperava di lasciarsi alle spalle spostandosi da Vienna. La ricerca di libertà tramite il viaggio si trasforma spesso in fuga da presenze maschili proterve e invadenti, che la tormenteranno in modo più o meno molesto dall'Egitto al Pakistan, dall'India al Giappone.

Agli occhi di tutti questi uomini, Katharina è una viaggiatrice "leggera" in un triplice senso: in primo luogo letteralmente, perché viaggia senza bagaglio e senza soldi, armata solamente di ukulele ed elmetto tropicale. Questo la costringe spesso a elemosinare alloggi, denaro e mezzi di locomozione, rendendola così dipendente dal favore degli uomini che incontra nel corso del viaggio (donne ne incontrerà poche; sono perlopiù recluse in casa, relegate al ruolo di mogli o geishe). Data la struttura sociale della maggior parte dei Paesi in cui si muove – con la sola eccezione degli Stati Uniti –, i suoi benefattori non possono che essere «uomini, uomini... sempre e solo uomini».

In secondo luogo, Katharina viene spesso considerata una ragazza "leggera", vale a dire di facili costumi, per il semplice fatto di viaggiare e di non essere né maritata, né fidanzata, né velata. A Srinagar, nel cuore del Kashmir, osserva: «Nei vicoli si incontravano qua e là lenzuoli vaganti; dentro ci sono donne che hanno un po' di rispetto per se stesse. Chi non ha rispetto di sé, gira a volto scoperto. Le donne che hanno un assoluto rispetto di se stesse non si fanno proprio vedere in giro. Questo basta a spiegare l'atteggiamento degli uomini kashmiri nei miei confronti». Viene infatti considerata una facile preda delle attenzioni maschili, per non dire una prostituta, perché balla, canta, discute, dipinge.

Infine, Katharina è "leggera" in quanto apparentemente incosciente e ignara dei pericoli che corre, come le rinfacciano con non poca preoccupazione alcuni dei suoi benefattori più spassionati, ai quali lei controbatte consapevole e spavalda: «So distinguere le tigri dagli agnelli» ottenendo in risposta espressioni di scetticismo.

Il risultato è che le avances maschili alla "viaggiatrice leggera" dominano una buona parte del resoconto di viaggio di Katharina von Arx, che al di là dell'immagine sbarazzina e un po' naïf di se stessa che vuole creare nel testo, si rivela fin dall'inizio una giovane donna smaliziata e sicura di sé, capace di elevarsi al di sopra delle sue disavventure tanto da descriverle con tono divertente e divertito. La sua esperienza passata con i "ragazzi" e il maschilismo tra Vienna e Zurigo la rende in grado di rispedire ironicamente al mittente anche le avances più insistenti e di raccontare situazioni decisamente spiacevoli, per non dire pericolose, con piglio scanzonato, scevro di sarcasmo, moralismo o sdegno.

Ovunque approdi, in particolare nel Medio ed Estremo Oriente, Katharina fa sensazione, suscita scandalo e curiosità. È innegabile che a volte civetti con i suoi esterrefatti ammiratori e ne tragga dei vantaggi ai fini della prosecuzione del cammino; altrettanto spesso, però, il viaggio stesso subisce ritardi e complicate deviazioni proprio per scansare qualche spasimante vendicativo e furibondo.

A tratti sembra che la più grande soddisfazione (rivalsa?) dell'autrice consista nel rendere normale, proprio per mezzo dell'ironia, la sistematica delusione delle aspettative maschili basate su pregiudizi patriarcali. Katharina riesce insomma a ottenere a più riprese in Paesi stranieri quello che le zie svizzere avevano cercato di spacciarle per impossibile a casa sua: vivere il mondo senza un uomo al fianco, proprio sotto il naso di uomini gabbati, delusi e increduli di fronte alla sua indipendenza, scampando spesso solo per un soffio alle loro grinfie.

Katharina racconta questi episodi fuggendo rigorosamente toni di condanna o indignazione, e operando anzi molte cesure. Viene sottaciuta a vantaggio dell'umorismo la paura che deve averla colta in certi momenti, come quella volta che la polizia indiana dovette salvarla dal tumulto che la sua sola presenza aveva causato al Taj Mahal; viene minimizzato il senso di impotenza e paralisi provato in altre circostanze, come quando non riesce a lasciare l'India, il Paese in cui più di tutti si è sentita perseguitata dal maschilismo istituzionalizzato; vengono omessi, peraltro, anche gli esiti di incontri più piacevoli con uomini che la rispettano e la lasciano libera di proseguire il suo viaggio come le pare e piace.

La viaggiatrice leggera è, infatti, anche una storia di simpatie più o meno velate che l'autrice nutre per alcuni uomini incontrati strada facendo, dell'attrazione che prova per loro, o del puro e semplice piacere di civettare e flirtare. Katharina si sente in diritto di assumere liberamente questo o quell'atteggiamento a seconda dei tipi maschili che le capitano a tiro e del suo umore del momento. Capita che disdegni vecchi principi facoltosi e maharaja poco attraenti per occhieggiare invece a un giovane ufficiale o all'aitante «figlio di operai», incontrati per caso tra un cocktail party e una competizione ippica. Probabilmente questa è la più inaccettabile delle provocazioni rappresentate da Katharina agli occhi del patriarcato: l'autodeterminazione estemporanea del desiderio femminile sbigottisce e fa infuriare quello maschile, perché rende inconsistenti e inutili certi privilegi dettati da potere e ricchezza, in virtù dei quali il patriarcato stesso esiste.

A parte qualche discreta allusione, tuttavia, Katharina non ci racconta nel dettaglio gli sviluppi dei suoi flirt e delle sue amicizie maschili con la stessa dovizia di particolari che riserva ai suoi molestatori, perché «i sentimenti non devono per forza esser dati in pasto alle folle»; il maschilismo invece sì, eccome. Assieme al diritto a viaggiare sola e indipendente, Katharina si arroga con estrema naturalezza anche il diritto a questo tipo di omissioni narrative. In quanto giovane donna e autrice, non ha nessuna intenzione di cadere nella trappola delle aspettative mediatiche di mondi apparentemente meno ostili del patriarcato orientale, ma in realtà altrettanto insidiosi – come Hollywood, la stampa, la tv – che infatti faticano anch'essi a capire il suo punto di vista. Non riuscirà a far intendere le ragioni di certe sue pudicizie e ritrosie alla sua amica statunitense platinata, Pat («Sai, Katharina, alla gente interessa esattamente quello che tu *non* hai voglia di raccontare. È solo così che riuscirai a guadagnare qualcosa»), né alla stampa nipponica («Di fianco alla mia foto [sul "Nippon Times"] la didascalia recitava: "La sua più grande pena è la nostalgia di casa", il che peraltro non era falso, anche se quella riga non avrebbero dovuto pubblicarla»). Né riuscirà a far capire al suo truccatore hollywoodiano che non vuole essere conciata come una Barbie per comparire in diretta sui teleschermi americani.

Il riserbo di Katharina e la sua percezione irriverente del mondo dominato dai maschi vengono pienamente rispecchiati dal suo stile letterario. Le tonalità dominanti della sua prosa – l'ironia, la spregiudicatezza, la spontaneità, il senso di straniamento di fronte alla presunta "normalità" dello status quo – vengono create tramite uno sguardo che accentua i paradossi del mondo circostante. È una percezione precipuamente fisica di ambienti e persone: proprio riportando la percezione del mondo alla sua natura primaria, quella sensoriale, Katharina si ribella all'accettazione pacifica di convenzioni imposte da strutture sociali collaudate da secoli. Accade così che l'autrice non veda donne avvolte in vesti lunghe come lenzuoli, ma lenzuoli con delle donne dentro; non turbanti che sembrano pentole, ma pentoloni di cotone colorato che troneggiano sulle teste degli arabi di Aden. Questa percezione radicale degli ambienti con cui Katharina entra in contatto durante il viaggio si estende al rapporto con la propria lingua madre, con la quale l'autrice gioca fino a denudarla, come, per esempio, quando parla degli abitanti cosmopoliti di Hong Kong «gente arrivata lì su *impulso* di grandi aziende internazionali, o su altri tipi di *impulsi*...»: in questo caso il gioco di parole si basa sull'etimologia del termine tedesco *Betrieb* (azienda, impresa) che contiene la radice *Trieb* (pulsione, stimolo), accomunando così, *en passant*, l'origine delle grandi multinazionali imperanti nel mondo occidentalizzato agli istinti più umani, o animaleschi – il tutto sempre a margine, senza la minima pretesa di intavolare una riflessione politica o anche semplicemente polemica; in fondo, è "solo" il punto di vista di una ragazzina "leggera" e squattrinata, armata, però fino ai denti, della propria impertinenza.

Indice

Finito di stampare nel giugno 2019
presso la tipografia Printì srl (AV)
per conto dell'L'orma editore